そんなとき、生来のおせっかい癖が顔を出し、筆者はつい「違います」と言いかけてしまうのです。

後先になりましたが、筆者のキャリアをご紹介させてください。

筆者は、分譲マンション大手にて開発・設計・企画・営業まで「マンションビジネスの過程」全ての実務を経験し、退職後は不動産・住宅の研究家となりました。研究対象は業界と住宅の歴史、行政・関係法律、市場分析、企画設計、広告、販売まで広範囲に及びます。自宅マンションの他に、賃貸用のマンションやリゾートマンションの購入、一戸建ての注文建築など、自身の経験から学んだことも少なくありません。

筆者の通常の職業は「住宅アドバイザー」です。ホームページには「三井健太のマンション相談室」の看板を掲げています。日々の仕事の80%以上は、ご相談者から依頼される検討中のマンションについて調査し「評価レポート」を作成することです。

毎月のレポート作成件数は80件前後。この仕事を始めたときは、ご依頼件数も少なく多忙とは言えなかったのですが、年々増えて対応が難しい状況となり、最近はお引き受けするに当たって条件を設けて量を調整するしかなくなりました。それでも、月間80本のレポートを納期に間に合うようお届けするため徹夜になってしまうこともしばしばです。

プロローグ

　筆者の仕事柄、一般の方がマンションを探し始める際に、書店で「マンションの選び方」を何冊か買って読んだが、初歩的なことしか分からなかったという話をよく耳にします。

　一方で、知識も豊富で中堅以下の不動産営業マンも形無しだろうと思われるマニアックな方にも多くお目にかかります。

「どこにどんなマンションがあって、間もなく販売を開始する」とか、「売れなくて値引き販売に追い込まれた、あれは目の前が高速道路だからやかましい」とか、「駅から9分と謳っているけど実際は12分かかった」などという物件情報に詳しい、業界用語にも精通している方もいらっしゃるのです。

　しかし、そんな事情通の方の話を聞いていると、大きな誤解があることに気付きます。その知識は一体どこから仕入れたものだろうか？　筆者はそんな疑問を持ちます。

　誰かがインターネット上に残した記述を信じてしまったのかなあと思ったり、あるいは間違いではないが、そんなことはどちらでもいいのであり、重要なのはこちらなんだがなあと思ったりもします。

マンション大全

伝説の目利きが教える「買っていい物件」の見極め方

THE APARTMENT DICTIONARY

三井 健太
住宅アドバイザー

朝日新聞出版

ご依頼が増えた背景には、マンションの価格が急騰し、買い手の不安が高まったこと、候補物件の価格が価値に見合うのかどうかの判断が難しいためと考えられます。

マンション評価レポートは、同じマンションでも、ご依頼者のお悩みや迷いに即して、またご質問にも答える形で作成するので、全て一品生産的なレポートとなります。

仮に同じ物件のご依頼であっても、ご質問、ご相談内容は一人一人異なり、ご検討住戸も全部違うため、また間取りから階数や方位による評価の違い、住戸ごとの価格の差異もあるので、レポートを一度作ってしまえば注文のたびにコピーして送るだけという効率の追求はできません。

注文服を作る人や足型に合わせて作る靴職人のようなものです。精緻かつ説得的と評されるレポートを心がけているため、最近はページ数も膨らみ50ページになってしまうこともあります。どこまで行っても筆者は職人だなあと半ば卑下しながら、社会のお役に立っていることを実感して次の活力につなぐ日々を送っています。

お客様からの感謝のメールはありがたく多数保存していますが、

「今までは暗闇の迷路を灯りなしで勘とわずかな知識を頼りに進んで来た感じですが、これからは自信をもって出口に向かって行けそうです。頭の中にあったモヤモヤが消えてすっきりしました」

「高いリセール価値を期待していましたが、率直な所見にが～んと頭を殴られた気がしました。妄想かもしれないと気づかせてもらい、冷静になれたことに感謝します」

「レポートの質を考えると、信じられない低料金でした」


この3つが代表的なものです。こうしたお便りや感想が筆者のエネルギー源になって、365日無休を何年も続けています。

一方で、2010年から始めたブログ「新・マンション購入を考える」は、5日ごとに更新し、2018年12月時点で記事は658号に達しましたが、いくら書いても購入を検討している人に届かないもどかしさから抜けられない状況も続いています。

ブログの趣旨である「後悔しないためのマンション購入のハウツー」を書き続けている筆者ですが、そもそもブログは体系的なものではないためか、警句も進言も、また提言も浸透しない気がして仕方ないのです。

そんなおり、朝日新聞出版から出版のお話があったので、渡りに舟と迷うことなくお引き受けすることとした次第です。

筆者の思うこと、マンション選びの真髄を体系的に書く機会を与えていただいたことに感謝するとともに、これまで誰も書かなかった部分に踏み込んだ内容にしたいと意気込んで書き進めました。

中級以上の知識を既に有する買い手や既にマンションオーナーになられた人にも読んで欲しいと思いましたが、初級の人でも誤った知識を植え付けられてしまう前に読んでいただく方がよいと考え直して、初級から上級者までの内容にしようと欲張りました。

と言っても、初級者向けの住宅ローンや税金、建築などの一般的な基礎知識については割愛させていただいています。

具体的には本文を読んでいただくとして、本書でお伝えしたいことの根幹は「損をしないマンション選びの秘訣」にあります。損か得かが分かるのは、買ってからずっと後のことになることが多いので、そうなってからでは遅いからこそ「転ばぬ先の杖」となることを心から願っています。

著者

マンション大全目次
THE APARTMENT DICTIONARY | CONTENTS

第3章 マイホームが持つ居住性と資産性

第４章
新築マンション価格の成り立ちと変動要因

第5章 中古マンション価格の成り立ちと変動要因

第6章 絶対に後悔しない中古マンションの選び方

第7章 マンション購入でやってはいけないこと

エピローグ
問題点が分かっていても価値ある選択を

カバー写真＝YsPhoto / PIXTA
ブックデザイン＝中村勝紀（TOKYO LAND）

第１章

選手村マンションの価格に思う

THE APARTMENT DICTIONARY
CHAPTER 1

THE APARTMENT DICTIONARY

選手村マンションは買いなのか？

２０１８年10月31日の新聞報道では、オリンピック選手村を２０１９年に売り出すのだそうです。ただいま建設中の選手村ですが、五輪の前に販売を開始するというわけです。

２０１８年11月３日、現地に行ってきました。選手村のすぐ隣にある「晴海客船ターミナル」の屋上に上ると展望台があって全貌がよく見えるのです。

筆者はルポライターの素養はないので、プロのようには書けませんが、「潮の香りがするなあ」「空が青い」「あ〜海だ」「レインボーブリッジや豊洲の街が一望にできる」「目と鼻の先は豊洲新市場だ」など、とても新鮮でした。

住宅（各住戸内部）からは、どんな光景に見えるのだろうか？　そんな思いも浮かびました。50階建てのマンションも2棟建つ予定になっていて、その48階にタワー以外の住民も自由に上って景色を楽しむことができるのだそうです。

既に一部の外観が見えており、工事は順調に進んでいるようでした。この分だと、オリンピック開会の前には悠々完成するのかもしれないなと感じました。建物の位置関係も分かり、東京湾と運河に面する棟は下層階でも眺望は良さそうです。

リゾート地のような場所と言えるかもしれないとも思いました。通勤を考えなくていい人、つまりリタイアしたシニア世帯や、ホームワーク、テレワークが可能な人には毎日が楽しいかもしれないなあ。そんなことも頭をよぎりました。

「非日常が日常に」という、何年か前に有明に完成したマンションの広告で使われたキャッチコピーを同時に思い出しました。

有明からお台場にかけては、観光資源、フジテレビ本社・アクアシティお台場・デックス東京ビーチ・パレットタウン・船の科学館・大江戸温泉物語・日本科学未来館・テレコムセンター、東京ビッグサイトなどの集客施設があります。

広大な緑地もあって、ここは非日常的な暮らしができる。しかも休暇を取って遠くへ旅行するのではなく、日常的に楽しむことができるのです。確か、そんな意味合いを込めてのキャッチコピーだったと記憶しています。

通勤の足は「りんかい線」と「ゆりかもめ」。広々として開放的、タワーマンションなので、東京タワーやレインボーブリッジなどの眺めを楽しむ。そんなマンションが有明エリアには10

年ほどの間に10棟ほど建っています。

個人的には、ライフラインが地中に埋設されていて、電柱がない街並みは美しいと思っています。

さて、選手村マンションはネーミングがHARUMI FLAG（晴海フラッグ）となったようです。「分譲マンションだけでなく、賃貸マンション、シェアハウス、ケアレジデンス、シニアレジデンスなど、あらゆるライフスタイルに合わせた住まいが、活気ある街を生みだします」とアピールしています。

ここには、新たに小中学校ができるそうで、マンション住民を受け入れるのでしょう。整備される公園もきっと素晴らしいものになることでしょう。左上の図の下部に見える「晴海緑道公園」は南北に走る右端の道路を越えて豊洲方面まで長く続くようです。

「六甲アイランドのようだ」とも感じました。

神戸市東灘区に浮かぶ人工島「六甲アイランド」は、その昔「神戸市株式会社」と言われた神戸市が山間部を造成して造ったニュータウンから大量に発生する土を再利用して造った島です。当初、荒涼たる砂漠のような状態だった島に電車・六甲ライナー（ゆりかもめのような特殊軌道式の新交通システム：1990年2月開業）を通し、JR住吉駅と連結することで住民の通勤の足を確保したのです。

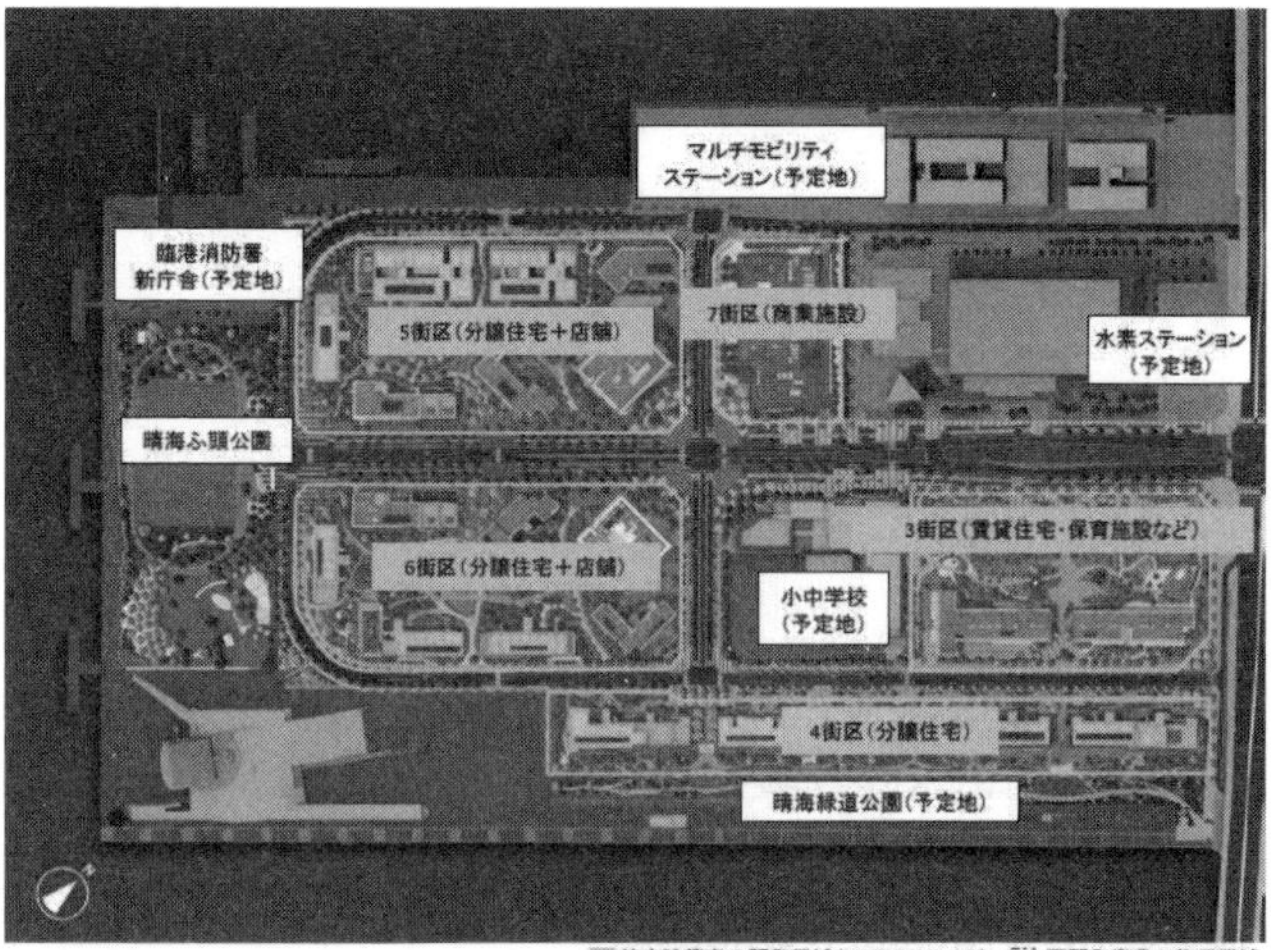

特定建築者の開発区域(HARUMI FLAG)　再開発事業の施行区域

HARUMI FLAG 敷地配置図　画像提供:三井不動産レジデンシャルほか

そこに、積水ハウスを中心に民間デベロッパーが計4000戸の分譲マンションを完成させています。4000戸という戸数は、選手村マンションの分譲戸数に合致しているのが妙です。

選手村マンションの詳細はまだ分かりませんが、いずれにせよマンション分譲では未完成の建物をモデルルームだけで顧客を集めて青田売りしてしまうことに慣れているデベロッパーのこと、改修後の住戸内部をモデルルームとして造り、それをツールにして販売することはわけないことです。

WEBサイトには既に「販売予告の広告」が出ています。それによると、販売開始予定は2019年5月下旬と明記されています。

総計画戸数という項目を見ると、「住宅5632戸（分譲住宅街区4145戸、賃貸住宅街区1487戸〈シニアレジデンス、ケアレジデンス、シェアハウス含む〉）、他に店舗・保育施設、商業施設」と記載されています。

4145戸を何年で売るつもりなのでしょうか？

物件概要のページを開くと、建物竣工予定時期：2022年秋、入居予定時期は2023年3月下旬とあります。タワー棟は2024年のようです。

改修期間がかかるからでしょうか、2019年の販売開始から引き渡しまで4年〜5年をかける計画のようです。

筆者の研究では、1物件が1年で集客できる戸数限度は大都市東京でも、概ね1000戸なのです。4000戸もあれば約4年かかるはずなので、オリンピック後に販売開始などと「のんびり構えていられない」と考えたのでしょうか？　真相は不明ですが、時間はあまりないのです。

確実に売るには、どこにもない圧倒的な魅力を持つマンションにしなければなりません。物件のホームページには、その魅力の一端が高らかに謳われていますが、通勤の足がBRT（高速バス輸送システム）だけでは難しいので、最終的には「価格の安さ」を打ち出すことが必須です。

※晴海客船ターミナルの撤去時期は未定です（東京都都市整備局提供）

東京2020大会後の選手村のイメージ（平成28年3月作成）

新聞記事中に坪単価@270万～280万円という破格に安い売り値が書いてありました。街区によって幅は異なりますが、全体では専有面積が61・06㎡～152・10㎡となっています。広めが中心と聞いているので、仮に80㎡（24坪）なら、6500万円くらいで購入できることになります。70㎡クラスで下層階なら5000万円くらいから購入できるのかもしれません。

通勤の足はBRTだけと書きましたが、HPによれば都営大江戸線「勝どき」駅（A3b出口利用）で最も近い棟まで徒歩17分（4街区E棟）、最も遠い6街区A棟・F棟と5街区A棟までは徒歩22分とあります。これでは、徒歩圏とは言えません。都心への直線距離では非常に近く、魅力的な場所ですが、足がない以上、陸の孤島というほかありません。

ＢＲＴで勝どき駅に着き、そこから都営地下鉄大江戸線に乗るというケースを想定すると、どうなるでしょう。勝どき駅は駅ホームや地下鉄入り口には今でも長蛇の列ができます。１日平均の乗降者数は10万人と10年間で４割も増えたからです。

東京都は当初、五輪までに築地市場の跡地に幹線道路の環状２号を通し、虎ノ門から新橋、築地、晴海を通って豊洲を結ぶ片側２～３車線の大動脈をつくる計画でした。ここにＢＲＴを走らせるのです。

ＢＲＴはバスと路面電車を組み合わせたような新型の交通システムですが、名古屋市のように専用レーンを設けるわけではないので、複数の車両を連結するなどして通常のバスより大量に輸送できるようにするとは言うものの、果たしてうまく都心に輸送できるでしょうか？

ＢＲＴなら晴海からトンネルを通って新橋駅まで約10分。信号の少ないトンネル中心のルートのため定時運行しやすい。通勤時は３分間隔で走らせ、１時間に２０００人、将来は同５０００人を運べると都は考えているようです。

急激なマンション開発で勝どき駅はパンク状態なので、ＢＲＴに頼らざるを得ませんが、渋滞なしで運行できるのか、疑問は残ります。

また、都は２０１６年12月、選手村建設を担う大手不動産11社との間で、中央区晴海の都有地約13ヘクタールを約129億円で売却する契約を結んだのですが、坪あたりにすると約33万円になります。周辺の路線価は250万円だそうで、「土地を不当に安く売却」したとして問題になりました。

オリンピック選手村は建設費用に加えてリフォーム費用が別途かかる。選手村で使用する間取りからの変更や、パラリンピックのための車いすに対応した浴室・エレベーターの設置など、一般のマンションとして販売するには大幅な改修が必要になるためと都は説明しています。

分譲坪単価@270万~280万円は、勝どき駅~月島駅の新築相場が@350万円だから、そんな安い価格で売れれば、値崩れを起こすという心配を口にする人もあるようです。

単純比較では相場の2割安なので破格のレベルですが、マンションの価値は立地で決まる比重が高いのです。バス便の選手村マンションが、いかに立派であろうとも、フラッグシップになる計画であろうとも、立地の不利をカバーしきれるものではありません。

そう考えたとき、@270万~280万円という価格が安いとは言えません。したがって、値崩れはないと筆者は考えています。

マンションの価値は、物件固有の条件によって判断されるものです。好みも人によって異なります。郊外のバス便マンションとは明らかに違いますが、バスと聞いただけで敬遠する人、湾岸エリアを好まない人、統一デザインは団地的として街並みに抵抗感を抱く人もあるのです。

このような需要動向から、勝どき駅、月島駅などの駅前のマンション、超高級マンションばかりが集まる一部地域のマンションの人気が落ちる可能性はなく、値崩れすることは考えにくいのです。勝どき駅で、坪単価400万円もする中古マンション（タワー上階）を選択する人は、その潤沢な予算から、駅から遠いマンションには向かわないからです。

筆者へ届くメールの大半は、具体的な物件について「買っても大丈夫か、高くないか、10年先のリセールバリューはどのくらいか」といったものです。このニーズは非常に多いことが分かっています。

需要があって供給が少ないとき、物の値段は必然的に上昇します。天候不順で野菜が育たないために出荷量が減ると価格が上がるというのと同じです。

新築マンションの供給量は、2008年頃から低迷しています。詳細は第4章で解説しますが、首都圏の需要ボリュームに対して1万戸～1・5万戸が毎年不足しています。その状態が少なくとも7年も続いているので、7万～10万人（世帯）の人が買いたくても買えない「難民」になっている可能性があります。

新築を諦めて中古マンションを買った人もあるので、実際はもっと少ないと推定されますが、どこにも行かず、今も新築マンションを待っている人が大勢いるのです。日本人には「新築志向」が根強くあるためか、ありもしない新築を今日も探し歩いています。

第1章で選手村マンションを取り上げたのは、新築にせよ中古にせよマンション選びは「あちら立てれば、こちらが立たぬ」ものだということをお伝えしたかったからです。

マンション探しを続けると、様々な知識と情報が自然に耳に、目に飛び込んで来ます。そこから苦悩が始まります。たとえばこうです。

・長い目で見れば、家余り時代なのだから、マンションの価格はどんどん下がるということになるのでは？
・「物件がないから計画中マンションを待つ」このスタンスは正しいか？
・オリンピックの「選手村マンション」は安いと聞いたが期待していいか？
・今は買いどきでない気がする。オリンピックが終わるまで待った方がいいのでは？
・東京オリンピック後は値下がりする？
・狙いは中古か新築か？　本当はどっち？
・築30年以上の古いマンションを買ってリノベーションしたいが、問題はないか？

・築40年経っているが、リノベーション済みなので奇麗で設備も悪くないうえに価格は安い。これって掘り出し物ではないか？
・共用施設は無駄じゃないの？
・タワーマンションは修繕費が多額にかかるというから止めた方がいい？
・タワーマンションの下層階を検討しているが上層階との価値の差はどのくらい？
・北向きの2LDKだが、売却は可能か？
・売れ残りマンションを値引き交渉して買うという購買態度は正しいか？
・答えを探してインターネットをサーフィンするが、本当の答えが見つからない
・高い。良いものがない。中古も結構高い。中古はよく分からない。新築にせよ中古にせよ、どうやって探したらいいの？
・10年後に売却する可能性があるので、そのとき大きな値下がりがあると困る。どの程度の値下がりを覚悟しておけばいいだろうか？
・5年以内に転勤の可能性がある。売るか貸すかのどちらかにしたいが、この物件は問題ないだろうか？
・駅から徒歩10分歩くが、環境はいいし、妻は一目惚れしている。自分は徒歩10分に抵抗はないが、駅から近いほどリセールバリューは高いと聞くし、この物件を買って大丈夫だろう

か？
・間もなく販売開始される物件を待つか、今この物件で決めてしまうかで悩んでいる
書き切れないほど、買い手の悩み・疑問はあります。これらにお答えするのが、本書の狙いなのです。この後で、肝心な部分を中心にしながら、できるだけ多くの疑問にページを割いて行こうと思います。

第1章のまとめ

＊東京オリンピック後も値下がりはない。
＊1物件が1年で集客できる戸数限度は、東京でも概ね1000戸。
＊選手村マンションは安さが切り札
＊晴海は都心への直線距離では非常に近いが、足がない以上、陸の孤島。
＊駅前物件、超高級物件が集まる地域は値崩れしにくい。

第２章

東京オリンピック後のマンション価格

THE APARTMENT DICTIONARY
CHAPTER 2

THE APARTMENT DICTIONARY

マンション価格と土地の取得費の関係

「価格が高い昨今、希望地域では少々無理をしなければなりません。しばらく様子を見た方がいいと思っているのですが、オリンピック後は値下がりしますか？　3年くらい待てば買えるようになるでしょうか？」このような疑問、お尋ねがひっきりなしに届きます。

そもそもオリンピックとマンション価格は関係があるのでしょうか？　本章では今後のマンション価格の見通しについて解説します。

地価は、その土地に対する需要が多ければ高くなり、需要が減れば安くなります。土地の需要は、そこにビルを建ててオフィスやホテルを構えたい、店舗を作りたい、マンションを建てて分譲したい、貸したいといった目的から発生します。

目的ごとに、採算が合うかどうかが同時に検討されます。幹線道路にあって、車がよく通る場所は「ファミリーレストラン」として検討されたりしますし、タイヤと車のアクセサリーの店として検討される場合もあるでしょう。都心のオフィス街なら「貸しビル」に向くとして不動産業者が買いたいと考えることでしょう。

成田空港や羽田空港からのアクセスが良い場所、若しくは東京ディズニーランドに便利な京葉線の駅に近い場所、あるいは浅草などの有名観光地に便利な場所ならホテル用地に向くとしてホテル業者が集まるかもしれません。

湾岸エリアの広大な土地であれば、物流センターを開発したい企業が買いたいと手を挙げることでしょう。

通勤に便のよい駅前立地や、少し駅から距離があっても環境が良いことからマンション業者が群がる土地もあるに違いありません。市街地に近い工場跡地なども、マンション業者が手を挙げることが少なくありません。

こうした需要は、常に安定的に存在するわけではありません。経済活動が活発かどうかで変動します。景況によって変わると言い換えてもいいと思います。

たとえば、日本を訪れる観光客が増えてホテルが足りないとの見通しが伝わってホテル建設を目論む企業が増えたり、マンションの売れ行きがいいと聞くと、土地を積極的に仕入れようとする不動産業者が増えたりします。ネット通販が盛んになって、物流センターが足らなくなると読んだ企業は、物流センター向きの広大な土地を主に郊外で物色します。

反対に、オフィス空室率が高くなるとの見通しが強まれば、都心のオフィス用地に対する需要は減ります。マンションの売れ行きが悪くなれば、これまた土地需要は減ります。

マンション用地は、ある程度まとまった大きさが必要であり、かつ交通便が良いことや環境が良いことなど、マンション建設にふさわしい条件を具備している必要があります。ところが、そのような土地はそうそう沢山あるわけではありません。

マンション市況が良いときは、マンションメーカー各社は土地取得に積極的になります。高い札を入れてでも優良な土地は何とかして確保しようと前向きになります。その結果、新聞発表の地価上昇率3％などとは大きく隔たりのある高値取引が成立してしまうのです。

新築のマンション市況は２０１６年初頭から契約率が低下し、２０１８年半ばでも好転の兆しは見えて来ません。マンション業者は、発売戸数を絞っており、年間の発売戸数が低迷しています。このため、工事中の未発売マンションという隠れ在庫が増えています。ということは、新たに用地の仕入れをしなくても販売商品は足りることになります。

ところが、コトはそう簡単ではありません。マンション開発は土地を取得してから着工に踏み切るまで最低1年、大きな規模になると3年もかかります。従って、在庫調整は容易ではないのです。大手のデベロッパーは3年先までの土地を抱えると言われています。

市況が悪化していても、業界が一斉に土地取得を手控える状況に転じる様子はまだ見られま

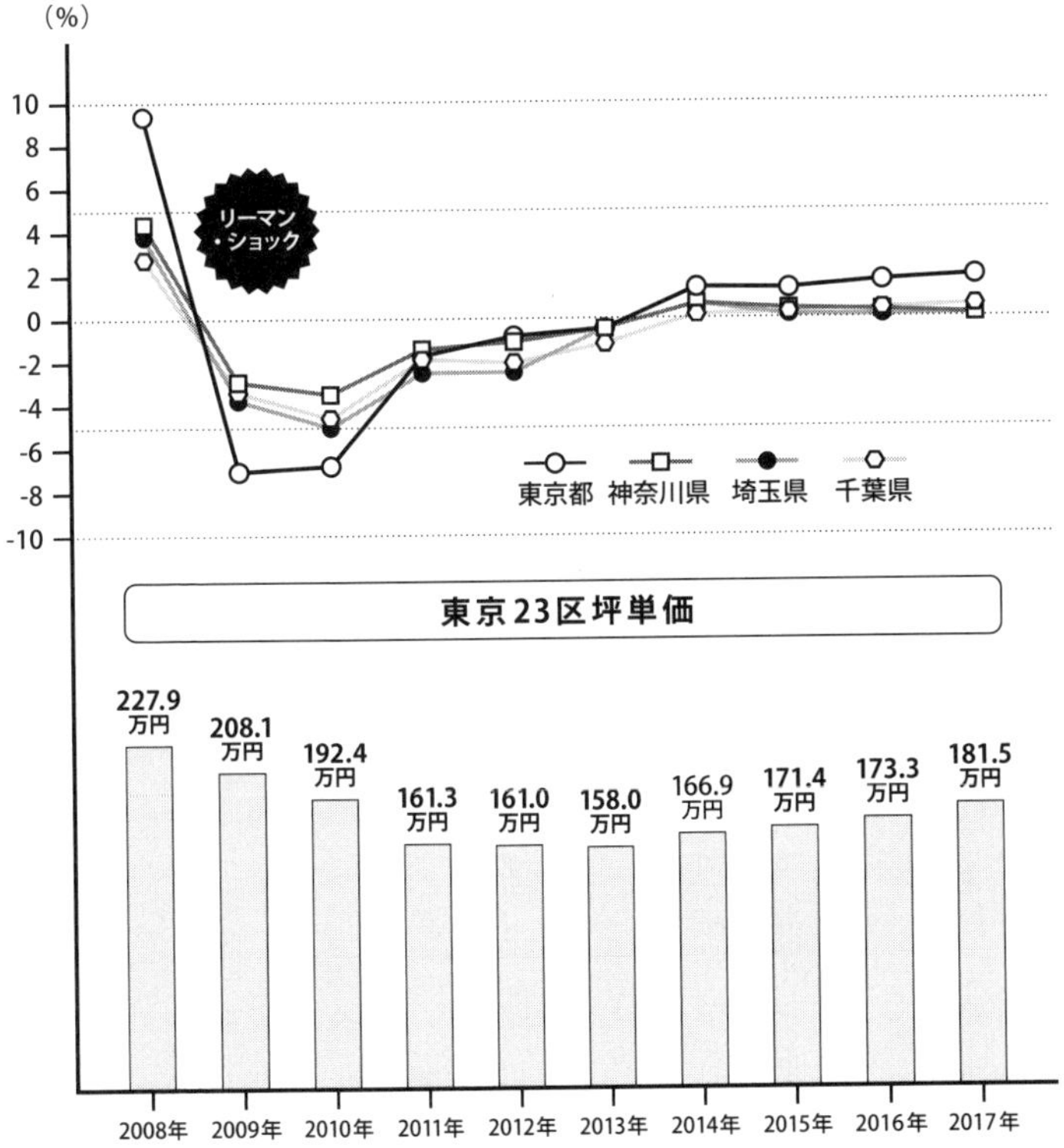

首都圏公示地価（住宅地）の都道府県別対前年比変動率の推移

せん。

土地の需要はマンションデベロッパーだけではなく、様々な業種の企業から発生します。このため、物流施設はともかく、ホテル用地、オフィス用地、店舗用地などと直接競合します。日本経済は、戦後二番目に長い成長を続けているので、土地需要も増大しています。

こうした動向を注視していると、当分の間、安価なマンション用地が取得できる状況にはならないと見るほかありません。

地価が下がるとしたら、日本経済の成長に何らかの理由で急激にブレーキがかかったときです。２００８年のリーマンショックを契機に世界中で恐慌が心配されたようなことが、いつ起こるかは誰にも分かりませんが、そんな事態が起きたときは地価の急落が起こるかもしれません。

ちなみに、リーマンショックが起きた２００８年の公示地価（東京都住宅地）は坪当たり２２８万円でしたが、２００９年は２０８万円に10％近くも低下しました。２０１０年もさらに下がって１９２万円、２０１３年には、とうとう１５８万円まで下落したのです。ピークの２００８年から見れば5年で31％も下落しました。

なお、２０１４年からは再び上昇を始め、２０１７年には１８１万円まで回復しています（31ページの図表参照）。

THE APARTMENT DICTIONARY

国土強靱化と再開発で下がらない建築費

マンション工事はデベロッパーと呼ばれる不動産業者からから施工するゼネコンへ発注されますが、発注者には当然ながら予算があり、その範囲で受注してくれるゼネコンを探します。普通は「指名入札」方式で、複数のゼネコンを指名して見積もりを依頼します。過去数年間の傾向は、予算内に納まるゼネコンがいなくて当たり前、予算を2割、3割上回る見積もりが普通。そのような状況にあるのです。

建築費上昇の背景には、東日本大震災の復興需要によって専門職・建設労働者の人手不足が深刻な状況になったためと言われています。その後に起きた熊本地震、安倍政権誕生後に活発になった公共事業、そして東京オリンピック関連工事などが、人手不足を生んでいます。

今後の見通しについても、悲観的な見方が圧倒的です。つまり、まだ東日本大震災の復興需要は残っていますし、国土強靱化政策によるインフラへの公共投資が急増しているうえ、東京

（出所）国土交通省「建設投資見通し」、統計情報ウェブサイト等よりみずほ銀行産業調査部作成
（注）2017～2022年度はみずほ銀行産業調査部見込値、予想値

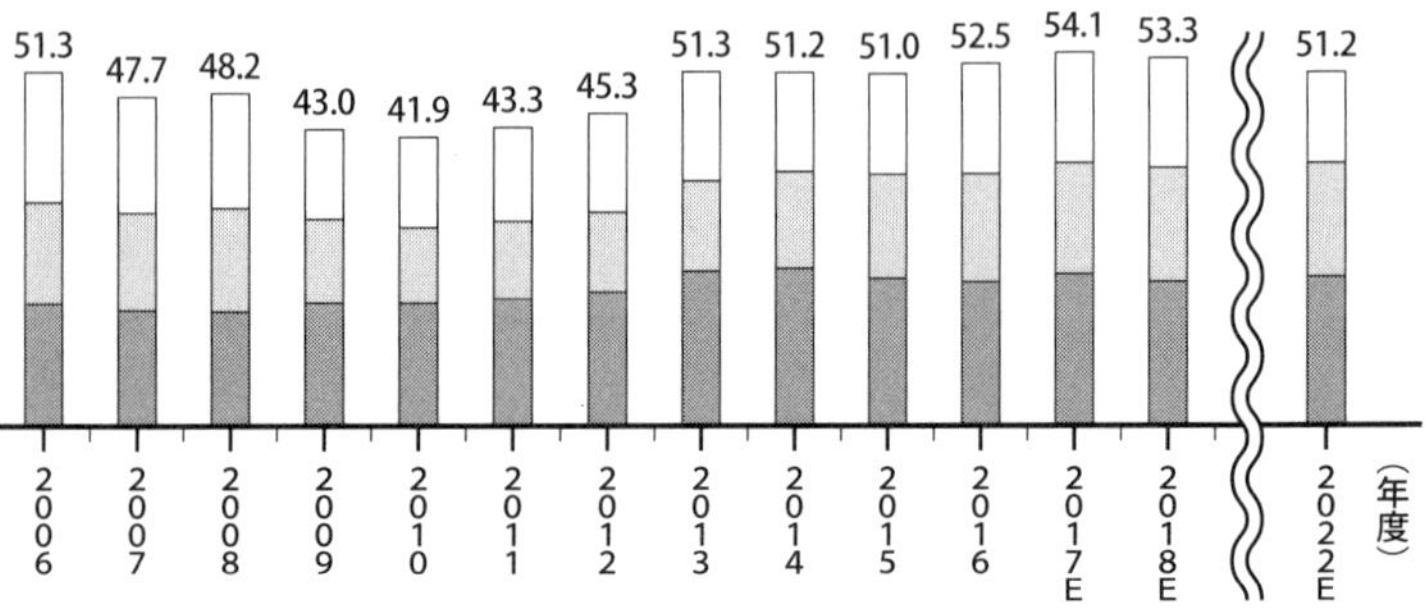

オリンピック関連需要が本格化しているからです。

オリンピックは、国立競技場の建て替えや各種競技の会場建設、選手村建設、老朽化した高速道路の改修をはじめとする道路工事などが、合わせて兆円単位と言われます。

建設需要はオリンピック前年まで続くことでしょう。しかし、東日本の復興関連工事も終盤に差し掛かっているはずですし、建設業界には一服感が出ていると予想されます。従って、建築費は低下傾向に転じるかもしれません。

ところが、訪日客の増加傾向はオリンピック以降も続くので、ホテル建設も続くでしょうし、品川駅のリニア新幹線関連工事

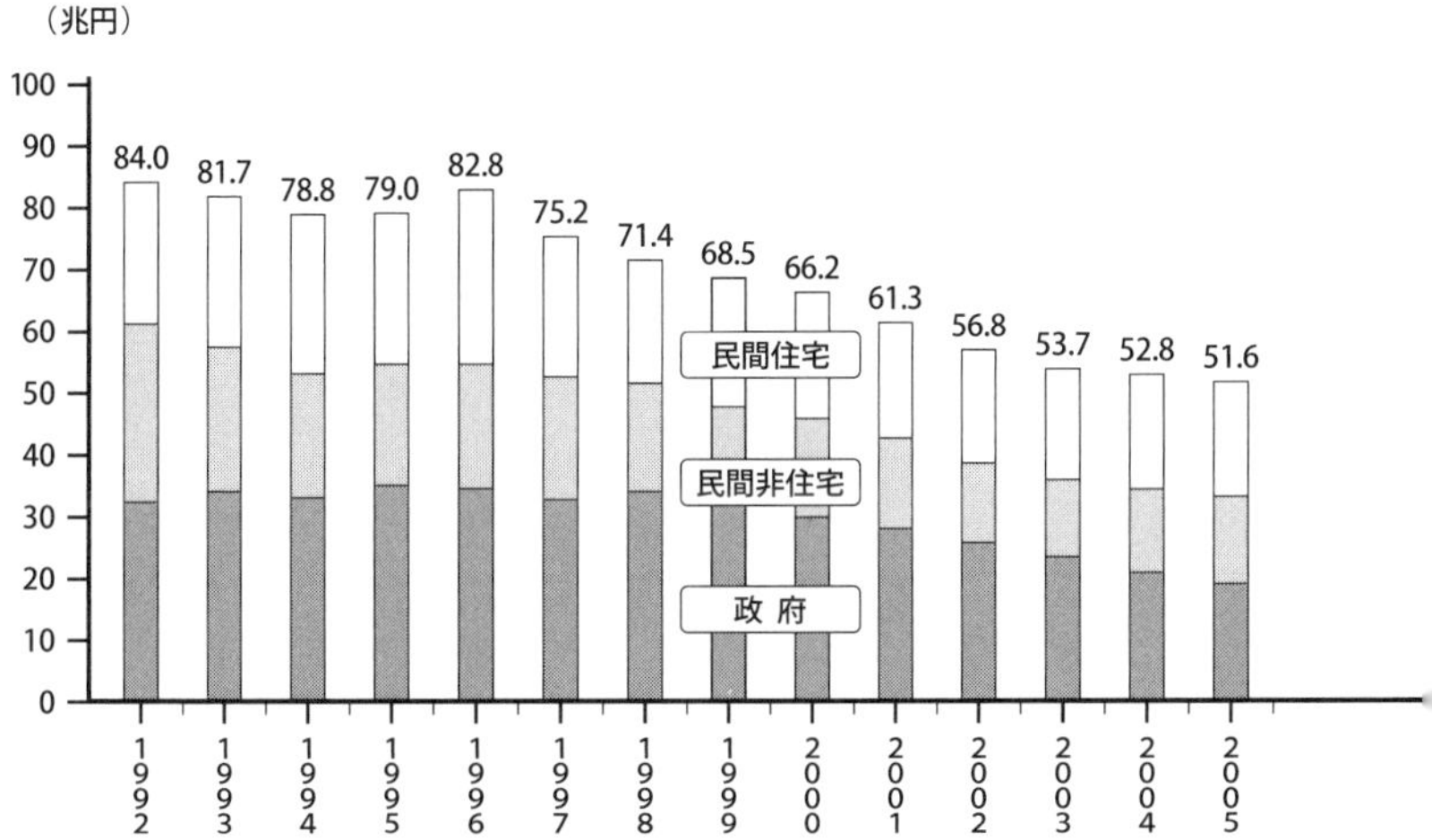

国内名目建設投資の推移

や周辺開発、山手線「高輪ゲートウェイ駅」の開設と関連工事、浜松町駅周辺開発、東京駅北口・常盤橋再開発、虎ノ門〜麻布台開発、地下鉄「虎ノ門ヒルズ駅」開設、首都高速日本橋エリア地下化工事など、都心の再開発が目白押しに予定されています。

これらを俯瞰して行くと、大幅な建築費低下はないと見なければなりません。

建築費が下がるとしたら、どんな場合でしょうか？　言うまでもなく建設業界が受注残を大幅に減らしたときです。平たく言えば暇になったときです。上記の大型都市開発だけがゼネコンの仕事ではないので、マンション建設はもちろんのこと、あらゆる種類の工事を請け負うことが可能ですが、それらが景況の悪化によって建設投資を中止、若しくは延期する事態になったときは、一気に仕事が減るかもしれません。

ちなみに、リーマンショック後の建設投資がどのくらい減ったかを見ておきます。全国ベースですが、２００８年は48・２兆円でしたが、２００９年は43兆円、２０１０年41・９兆円と２００８年比で13％も減額になりました。２０１１年からは再び増加傾向に転じ、２０１６年は52・５兆円まで増えて、２００８年比10％近くの伸びを示しています。

THE APARTMENT DICTIONARY

品質も下がる6つのコストダウン策

地価も建築費も下がる見込みが薄いとして、マンションの価格を下げる策はないのでしょうか？　ひとつは、建物の品質を落とす策が考えられます。過去にコストダウン策として、品質を落としたことがありました。２００８年～２０１０年頃のことです。今回と同じで価格が急騰して販売不振に陥っていたときです。以下でコストダウン策を整理してみました。

〈コストダウン策その1〉設備・仕様の等級ダウン

①スロップシンクの取り止め

スロップシンクとは、バルコニーに設置する、運動靴などを洗う、雑巾を濯ぐなどに重宝な設備です。この採用を止めれば、水道工事も排水パイプ工事もしなくて済みます。

②ディスポーザーの取り止め

　ディスポーザーは各住戸のシンクに設けた生ごみ粉砕機で砕いた生ごみを専用配管で地下の専用浄化槽に流し、バクテリアに食べさせるという方式の優れものです。これを止めれば、粉砕装置だけでなく、専用の排水管も地下の浄化槽もいらなくなるので、最低でも数千万円から規模の大きなものでは数億円のコストカットができます。

③手洗いカウンターの取り止め

　トイレには、必ず手洗い装置があります。従来は便器のバック部分にある水槽の上に手洗い用の水栓を設けていましたが、いつ頃からか、便器はタンクレスもしくはタンクが便器の高さと変わらない低いタイプのスマートなものに変わり、その採用と同時に手洗い器を壁際に設ける形になりました。

　これを止めれば、２本必要な水道が１本で済みますし、手洗いカウンターも要らないのでコストカット効果は低くありません。

④床暖房の取り止め

その昔、床暖房はランニングコストが高いからと評判が悪く、採用マンションは少なかったのですが、今は大半のマンションに採用されています。床暖房は温水を通す細いパイプがフローリングの下に張り巡らされているのですが、これを止めれば設備代金だけでなく工事費もカットできます。

⑤複層ガラスの取り止め

複層ガラスは、結露防止になる、冷暖房効果を高めるといったメリットから近年採用マンションが随分増えました。2枚のガラスの内部にLow-eと呼ばれる金属膜を張り付けたタイプと、乾燥空気だけのタイプとありますが、どちらにしても1枚ガラスよりは高いので、これを止めてしまえばコストカット効果はあるわけです。

〈コストダウン策その2〉エレベーターの台数を減らす

エレベーターはマンションの戸数によって、また階数によって必要台数を経験則的に決めています。14階建ての高層マンションで120戸くらいの規模であれば2基が標準とされます。5階建てで100戸のマンションなら1基で間に合います。なぜなら利用者数は3階の半分と

4階以上の人たちだけなので、実質50戸のマンションと言ってよいからです。

超高層マンションで300戸とかになれば、3基でも足りないので、非常用エレベーター（法律で義務化）も利用するでしょうが、それでも朝は満員通過で5分も待たされるということがあるかもしれません。

5基欲しいところを4基にしたり、4基を3基に削減したりすれば、コストカット効果は間違いなくあるわけです。

〈コストダウン策その3〉鉄骨階段にする

マンションの外階段に注目する購入者は少ないと思うのですが、コンクリート製より、工場生産の鉄骨をトラックで現場に運び込み、コンクリートの外壁や開放廊下に取り付ける工事の方が安上がりです。

鉄骨階段は塗装を繰り返す頻度がコンクリート製より多いこと、非常階段を駆け下りると音が響くといった弊害があるのですが、コストダウンのために採用しているマンションは少なくありません。

〈コストダウン策その4〉駐車場を平面式にする（機械式にしない）

平面式の駐車場は立体駐車場より使いやすいわけですし、メンテナンスの必要も少ないので、その方が良いのですが、平面で置けるスペースが狭いからこそ機械式にしているのです。大規模マンションでは、平面式だけで駐車場を戸数分用意できる場合もありますが、その代わり、緑地スペースが少なくなります。子供が駆け回る広場も狭く、付加価値の低いマンションになっています。

平面式駐車場のマンションは必ずしも優れているわけではなく、コストカット優先の結果であるマンションかもしれません。

〈コストダウン策その5〉直貼り構造にする

直貼りマンションは、マンション価格の高騰期には必ず登場する設計・施工の形態ということではなかったのですが、今回の値上がり局面では、コストダウンの象徴である直床構造を選択しながら、他方ではキッチンや洗面化粧台などの設備のグレードは高級マンション並みというアンバランスな新築物件が増える傾向にあることに気付きます。

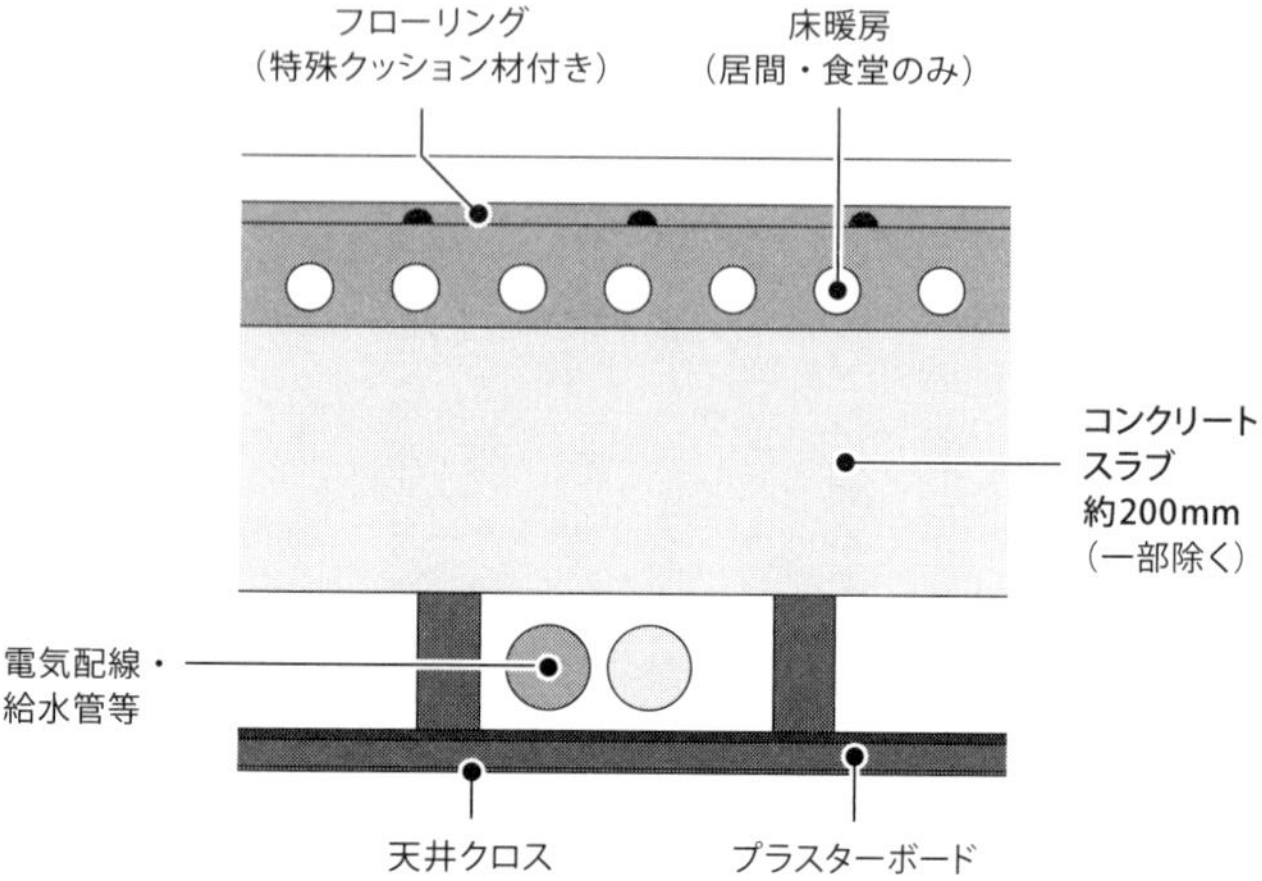

床構造・二重天井概念図

昔のマンションはバリアフリーではありませんでした。たとえば、廊下から洗面所に入るとき、洗面所側の床が高くなっていました。高くした床の下に排水管などの横引き管を通す必要があったからです。

玄関の靴脱ぎ（たたき）と廊下の間にも段差がありましたし、廊下とリビング間にもわずかながら段差があったと記憶しています。

これらが「バリアフリー運動」の中で拒絶され、次第に消えて行ったのです。最近の新築マンションは例外なくバリアフリーです。簡単に言えば、コンクリート面の上に支えとなる脚を何本も立てて、その上に床材を置く形（浮き床と言ったり、二重床構造と呼んだりします）にして空間を設け

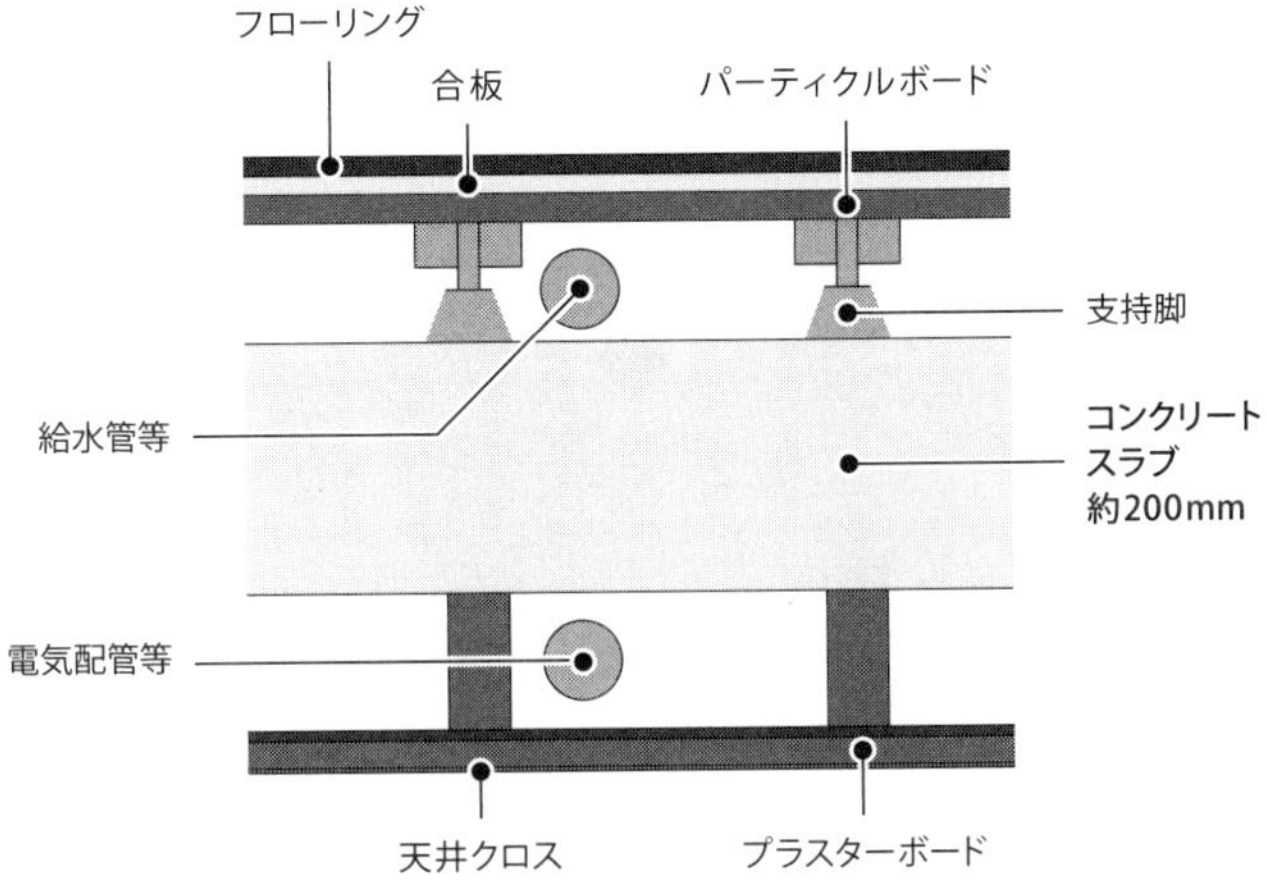

二重天井及び二重床概念図

れば、そこを給水管、ガス管などを通すことができ、かつバリアフリーも実現できます。

二重床にすると、脚の長さだけ天井が低くなってしまいます。天井の低い家は居住性が悪いので、一定の高さを保つには、二重天井を直貼りの天井にしなければなりません。しかし、天井は電気配線の都合と遮音のためにも必須です。

そこで、階高《かいだか》（コンクリート面と上または下階のコンクリート面の距離）そのものを上げる必要が出て来ます。

リビングルームの天井高を２４００㎜確保するには、階高は２９００㎜が必須でした。直床なら２８００㎜でも天井高２４００㎜を確保できます。最近の天井高は２５

従来の段差のある床面

段差のないフラットフロア

段差のある床面とフラットフロアの比較

００㎜が標準になっているので、二重床にした場合の階高は３０００㎜くらいにする必要があります。階高を高く取ると、その分コンクリートの量は増えます。

また、建築物には「高さの制限」があるので、階高を伸ばすと15階を建てられるはずが14階で止めなければならなくなったりします。簡単に言えば、１００戸建てたいところ、階高を伸ばすことで90戸しか建てられないことになったりします。

１戸当たりの土地代は90戸より１００戸の方が安くなるわけですから、デベロッパーは１００戸建つように工夫を凝らします。結果的にどんな形になっても、階高を高くすればコンクリートの量は階高の低いマンションより多くなってコストアップは避けられません。

建築費の上昇がマンション価格の高騰につながった過程で、販売不振を恐れるデベロッパーは、コストダウンに懸命に取り組みました。しかし、全体的にマンションの質は下げにくいところがあります。豪華でなくてもいいが、ユーザーニーズに応えて行かなければならないと考えます。先述の「バリアフリー」もそのひとつです。

コストダウンが建物のグレードダウンとすぐ分かるような形にはできないので、最近テレビ宣伝でよく見かける「かんたん携帯」ではありませんが、シンプル設計を取り入れながら機能は一定レベルをキープするといった方法を選択したりします。

目に見えないところで、材料を汎用品にしたり、ある部分の厚みを最低レベルにしたりしつつ、モデルルームの見映えはさほど変わらないような商品に仕上げるといった方法を採用しています。極端には、オプション品（実は別途料金）でごまかすといった窮余の策を講じるケースも散見されます。

今のマンションはバリアフリーになっています。直床構造でもバリアフリーにできるのですが、その方法は右の図を見てもらうとお分かりいただけると思いますが、コンクリートスラブ自体に段差を設け、下げた部分の空間に配管を通せば可能になるのです。

床を二重にすれば手間がかかりコストもかさみますが、直貼りは工程を二つくらいは省いているわけですから、手間もコストも少なくてすみます。

うまい比喩ではないのですが、30工程もあるオーダーメードの背広と工程数が半分もない安物の既製服との差でしょうか？

〈コストダウン策その6〉間取りプランのシンプル化

①田の字型間取り

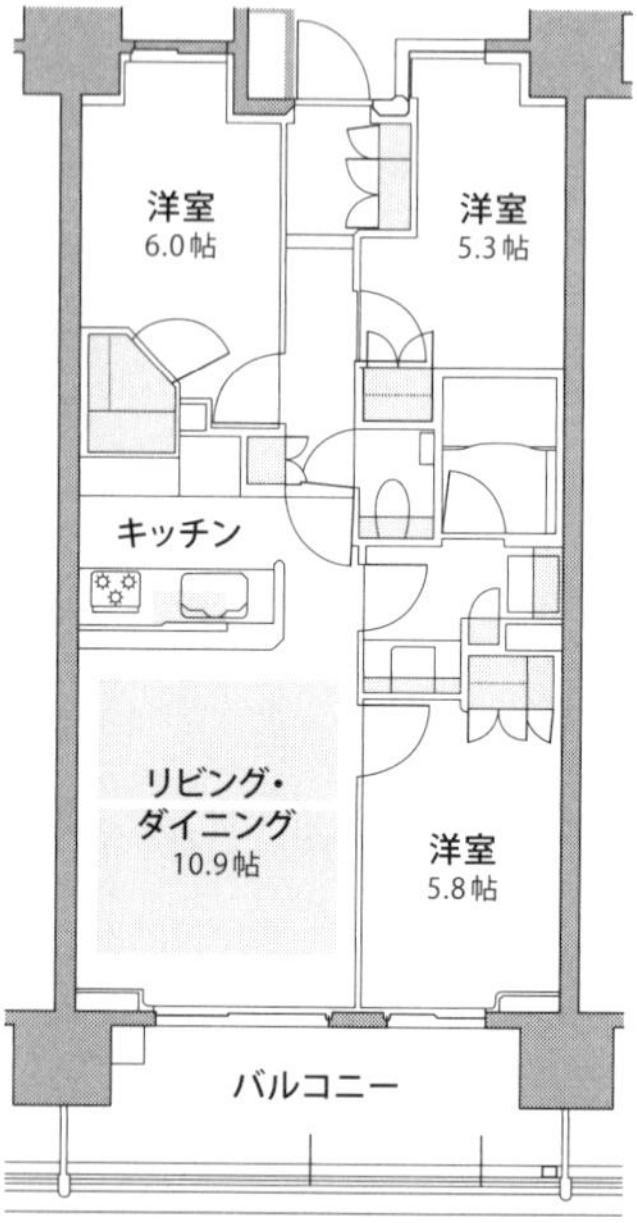

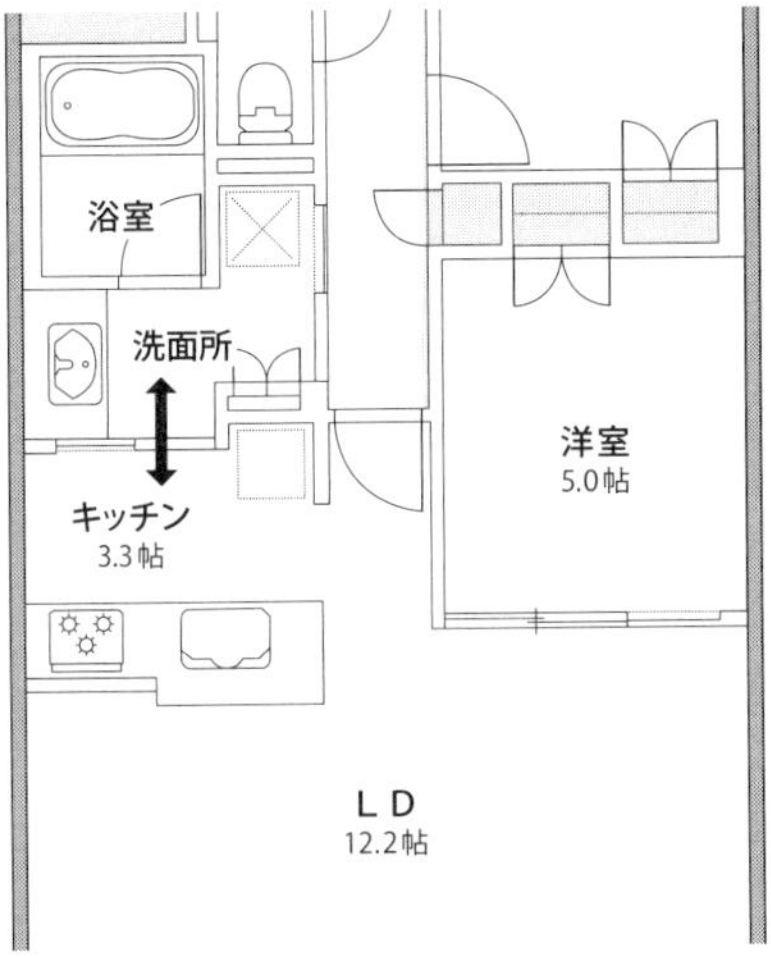

キッチン・洗面所直結間取りの例

田の字型の間取りとは、右図のようなタイプです。田の字型の間取りはシンプルでコストダウンにはもってこいなのです。

②洗濯機置き場の囲いの取り止め

欧米ではキッチンの横に洗濯機が置いてある形が普通なのだそうです。キッチンの天板（ワークトップ）と同じ高さの端の方にドラム式の洗濯機を組み込んだ室内写真は昔から何度も見たことがありました。

日本では食べ物を扱うキッチンと汚れものを扱う洗濯機置き場が同じ所にあるというのは受け入れがたいらしく普及しませんでした。そこで誕生したのが、キッチンから廊下を経由せずに洗面室に行けるようにして、そこに置いた洗濯機を回す動線にした形、すなわち「キッチン・洗面所直結間取り」です。

ところで、そもそも洗面所になぜ洗濯機があるのでしょうか？　洗濯機置き場の周辺は汚れものだけでなく洗濯洗剤やら何やら雑然としています。言い換えれば、生活感がにじみ出る場所です。美しい光景ではないはずです。

それでも風呂に入るとき、脱いだ下着を洗濯機の中に放り込む利便性があって良いではないか、そんな考え方から洗面所の中に置かれているわけです。

ところが、お洒落空間の洗面所と雑然としがちな洗濯機置き場は分けた方がいいだろうと、洗面所の中で「洗濯機置き場」を区分する発想が生まれました。

高級マンションでは、洗濯置き場は扉をつけて見えないようにしていますし、そこまでしない場合でも、袖壁を設け洗濯関連のグッズを収納する物入や棚を洗面台から離すのが定番でした。そんな配慮は全くなく、洗面脱衣室のどこかに洗濯パンを設置しただけの間取りも少なくない現況にあります。

③エアコン室外機置き場の露出置き

読者の皆さんは、新築マンションのモデルルームを見学するとき、エアコンの室外機がどこに置かれるかという関心をお持ちになったことがあるでしょうか？　最近の新築マンションは、共用廊下にむき出しで置いてしまうものが多いことにお気づきでしょうか？

かつては、廊下側に出窓を設け、その下に納めるのが定番でした。このようなエアコンの室外機が露出しているマンションには、がっかりします。室外機が醜いものとは言えないですが、裸でぽんと置かれている形にデザイン的な配慮を感じる人はないでしょう。

最もポピュラーな方法は花台を窓の部分に設けるか、窓を出窓ふうに張り出させ、その下を室外機置場としたものです。これを止めてしまったのもコストダウン策のひとつなのです。

④アルコーブの取り止め

アルコーブ（alcove）とは、欧州で部屋や廊下など壁面の一部を少し後退させて造る窪みや空間の意味で使っている言葉ですが、これを日本人の誰かがマンションの共用廊下から少し引っ込んだ玄関前の部分を指す言葉として使い始め定着したのです。

アルコーブと似たような住宅用語に「玄関ポーチ」があります。これは、建物の玄関前で、壁から突き出た庇《ひさし》のある入口スペースを指します。雨が降った日に傘を持って玄関を出入りするとき、雨に濡れずに済むという機能があります。

一戸建ての外観デザインを左右するポイントのひとつでもあるのですが、マンションの住戸にも門扉と玄関ポーチのついたタイプが見られます。戸建て感覚のプランで、ベビーカーなど

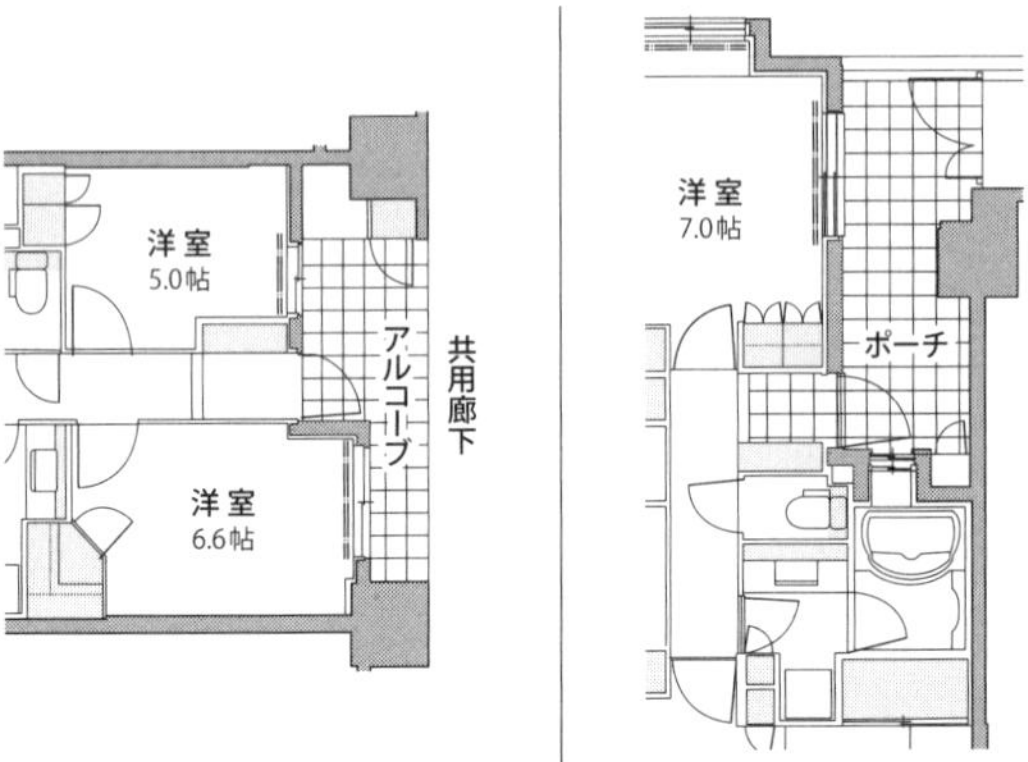

case.2　case.1

ポーチやアルコーブをなくす

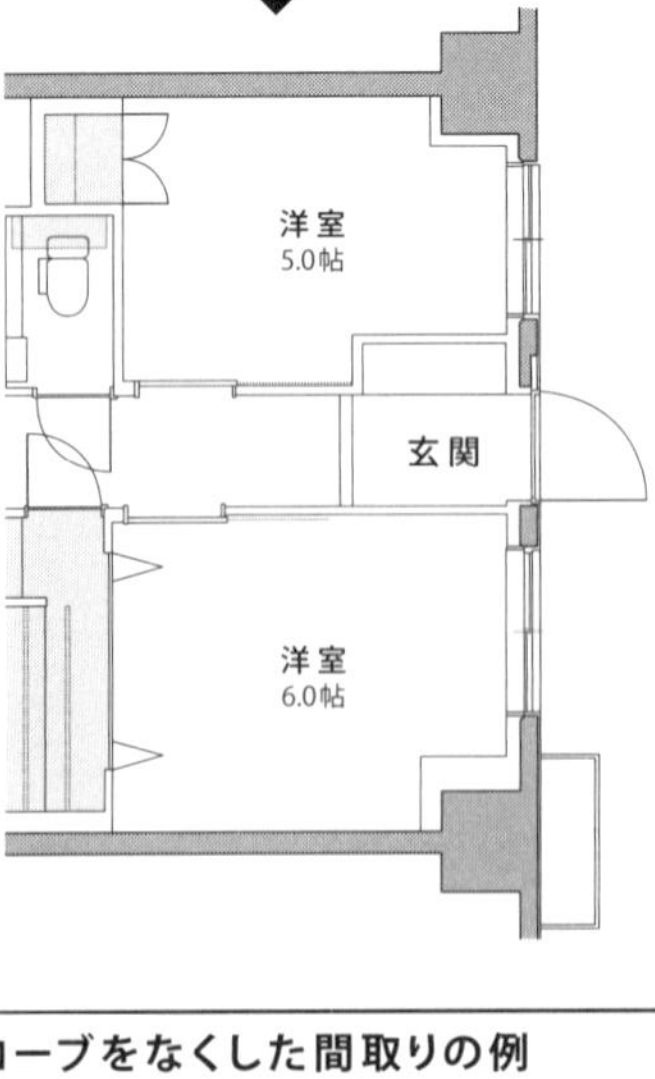

ポーチとアルコーブをなくした間取りの例

を置くことも可能であるといった実用性のある、外部の専用空間です。

アルコーブとポーチの違いは、アルコーブが玄関扉の幅か、少し広い程度の狭い窪みのスペースであるのに対し、ポーチは住戸スパン全部くらいの広い玄関前スペースで、角住戸には門扉を設けてプライバシーの確保を図ったものもあります。

木造アパートや古い賃貸マンションを想像してみてください。端から廊下を斜めに見ると、同じ大きさ・色・デザインの玄関扉がずらりと並んでいますね。これを筆者は「のっぺり顔」と言っていますが、分譲マンションでは凹凸を設けることで、「彫の深い顔」を狙うのです。

アルコーブを深く取れば、各戸の扉は見えにくくなっています。その方が賃貸マンションとの差別化になり、憧れのマイホームらしくなるからです。ここがわが家だ。これが顔だというものが商品価値を高めることに役立ったのです。

アルコーブは、玄関扉を開けた瞬間、外出を喜ぶ元気な子供が走って来て扉に衝突するといった事故を避けられるという機能も持ちます。

そのアルコーブが最近のマンションの一部で右ページの図の下のように全く消えてしまったのです。アルコーブ取り止めの理由は、コストダウンのためです。マンション全体にも言えるのですが、凹凸を設けるより、一本の直線にした方が施工上の手間もかかりませんし、コンクリートの量も減るからです。

大きなコストカット策を使い切ったあとは、細かな部分を削って「ちりも積もれば」式に積み上げげながらコストを圧縮するのがマンションメーカー日常茶飯事でもあるのです。その「ディスポーザーを止めよう」は、コストダウン効果が高いですし、天井高を下げれば、その分でコンクリート使用量が減り、それに付随して直貼りの床になるので、これも効果は極めて大きいのです。また、エレベーターを1基減らすと、エレベーターの機械は1000万円に過ぎなくても、エレベーターシャフトの施工費とコンクリートが要らなくなるので、トータルでは2000万円をカットでき、これまた効果が大です。

こうしたコストダウン策は設計段階から取り組むものですが、設計が終了し、ゼネコンとのネゴシエーション段階に入り、予算とのギャップを埋めきれないときは最後の妥協策として設備・仕様の見直しを行います。たとえば、キッチンのワークトップを天然石から人工大理石に変更、玄関の踏み込み部分を天然石からタイルに変更、複層ガラスを一枚ガラスにといった、スペックのダウンを断行するのです。

さて、これらのコストダウン策は現在すでに採用されているものが大半です。つまり、目新しいものはありません。コストダウンの策は限界まで来ていると思われます。

⑤共用施設を削って住戸面積を増やす

マンションは専有面積と共用面積の合計で許容の延べ床面積（法的制限の範囲）となりますが、この割合によって価格は大きく動きます。専有面積比率が高いほど価格を安く抑えることが可能になるのです。

分かりやすく言えば、許容延床面積に対して同じ専有面積の住戸を50戸より100戸にすれば販売価格を半分にすることができ、当然売りやすくなります。

仮に100戸が可能な計画をキッズルームに1戸減らし、スタディルームに1戸、フィットネスルームに1戸、パーティールームに1戸というふうに減らして行って、たとえば90戸にすると、単純計算で10％の価格アップになってしまうところ、これらの共用ルームの内、過半を削ってしまえば価格は5％くらい下げることが可能になるというわけです。

蛇足ですが、たまに共用施設の乏しい物件に遭遇することがありますが、近隣物件の価格と比べてみると高くはありません。

近隣物件は立派な共用施設を豊富に取り揃えて付加価値を売りにしています。それで価格が同じだったら、共用施設の乏しい物件は割高ということになります。

共用施設を減らしても安くできなかったということは、高い土地を買ってしまったのか、敷地形状の関係などからコストのかかる建物になってしまったか、あるいは両方か、理由は分かりませんが、コストダウンにかなり苦しんだプロジェクトということが推察できます。

THE APARTMENT DICTIONARY

マンション価格の大きな下げは考えにくい

「不動産バブル崩壊シナリオ・東京でも半値に暴落する」などの過激なタイトルやフレーズをときどき目にします。

本当にそうなるでしょうか？　この手の本や記事は一瞬の興味をそそられますが、筆者はほとんど読みません。なぜなら、この種の書籍や報道は大受けを狙ったタイトルであることや、根拠が一面正しくても何かが欠落しているために的確な指摘になっていないと感じるからです。

中古マンションは新築と違った値動きをするので、その点は第5章で詳説しますが、新築に限って言えば、暴落どころか硬直的です。つまり、簡単には下がりません。

新築は、基本的な点だけを述べると「売れ行きが悪くなっても売主は価格を下げようとしない」のです。

また、新築マンションは工事中の「青田売り」が基本であり、工事の完成までの間に販売を完了させればいいので、慌てて値下げすることもないという売り手側の余裕も実はあるのです。

とはいえ、竣工間際になって売れ残りが大量にあったら、いやでも値下げするのではないかと期待する買い手も多いのですが、販売途中の段階では「下げたくても下げられない」という事情もあります。

理由は先行契約者の手前、値下げに踏み切れないからです。仮に値下げを発表してしまうと、先行契約者から「不公平だ。こちらも契約価格を下げてくれ」とクレームが来ることを売主は恐れるのです。

完成して1年も経過しているのであれば、値下げの理由や大義名分を持って対抗できますが、完成したばかり、若しくはまだ完成していない段階では、全く同質の品を高く買わされたという怒りの抗議が殺到します。そのことで顧客と争いになることを売主は極度に嫌います。

しかし、販売スピードがあまりにも遅いとなれば、どこかの時点から値下げ（値引き）販売を開始します。ただし、それは、表ざたにしないで行います。買い手との個別交渉の中で決められて行くもので、売主と特定の買い手にしか価格は分かりません。

全体の80％が定価で販売されれば、残り20％が平均10％引きで販売されたとして、平均の下落率はわずか2％です。しかも、非公開なので調査会社も2％下がったということを把握できません。つまり、リアルタイムで価格の低下傾向を知る立場にはないのです。従って、公表データも「変化なし」という分析にならざるを得ません。

市況が悪くなったことが強く認識されるようになったとき、先行契約者のない「新規発売マンション」では最初から価格を予定より下げることはないのでしょうか？　これはあり得ます。

新築マンションの販売では、予告広告で価格を伏せたまま集客することが許されています。そこで、まずは買い手候補（関心客）をモデルルームに誘い、対話をします。そこで予定価格をちらつかせながら、有効な見込み客の数を読もうとします。

これをプレセールスの期間で行います。価格が高くて手が出ない客ばかりだという現場の判断があれば、やむを得ず利益を削って価格を下方修正するしかありません。ただ、そもそも分譲マンションの利益率は大きくないので下げ幅も3％か多くても5％と小さいのが実態です。

売主は、マーケットリサーチをして事業に着手するのが普通です。従って、価格も市場から大きく乖離した商品でないと信じて進めて来たのです。商品化までは時間が1年以上を要するのが普通ですし、着工してから直ぐ売り出すわけでもないので、この期間に市況が悪化し、予定価格では売れないという危機感があったとしても、全く売れないという事態は極端な経済変動が起こらない限り考えにくいものです。

つまり、価格の見直し作業をしても、予定価格から2％か3％の下げ幅の中で行われるのです。

もっと下げたい希望が現場からもたらされてもトップはそれを許さず、ある住戸を500万円下げ、その分を条件の良い別の住戸に400万円乗せるといった手法で全体の下げ幅を小さく抑えるのです。

北向き住戸は苦戦しそうだから平均1000万円下げたが、多くを占める別の向きに乗せることで、下げ幅を平均300万円で済ませるなどの例はよく見かけます。

買い手が期待できるのは、売れ残った部屋を安くしてくれることです。売り出し価格から5％ないし10％の値引きを確保することは交渉次第、またはタイミング次第で不可能ではないからです。

新築マンションの価格は、激烈な景況の悪化がない限り値下がりしそうにありません。

そうであれば、様子を見るというのは意味がないことになります。買い手の戦略は「高いのを覚悟して買う」か「価格交渉を頑張る」かのほかないのです。

第2章のまとめ

＊地価が下がるとしたら、日本経済に急激にブレーキがかかったとき。

＊建築費下落は建設業界が暇になったときだが、当面気配はない。

＊マンションのコストダウン策はすでに限界に来ている。

＊マンション価格の暴落はありえない。下げても数%。

第3章

マイホームが持つ居住性と資産性

THE APARTMENT DICTIONARY
CHAPTER 3

THE APARTMENT DICTIONARY

家には生活の基盤とともに資産の側面もある

家は生活の基盤であると同時に資産でもあるので、どうせ買うなら資産形成に役立つ方がいい。高い資産価値を持つ家に越したことはない。そう考える人は圧倒的に多いのです。

圧倒的に多いサラリーマン諸氏に目を向けて言うならば、定年は第二の人生の始まりであり、かつ長いので、悠々自適の暮らしを送りたければ今から対策、すなわち資産形成を図ることが大事だと思うのです。

年金が十分にもらえない時代が来るかもしれない、そう不安を漏らす人も多いようです。配偶者に先立たれ、子供の世話にもなりたくないとするなら、何が何でも早い段階から資産形成を図る必要があるはずです。資産形成は一朝一夕にはできないのですから、スタートは早い方がいいとも言えます。

どのように図るべきでしょうか？　爪に火を点すような生活をしながら貯金を殖やすのもひ

とつですが、それができない人も多いと思います。しかし、株式投資もＦＸもギャンブル。怖い一面があります。投資するにもタネ銭がなければできません。それに、本業そっちのけで投資行動にのめりこむわけにも行かないでしょう。片手間で儲けられるほど甘い投資話が世の中に転がっているとも思えません。

そんな中、比較的少ない資金で、かつ安全に資産形成ができるのが「ワンルーム投資」だと喧伝され、それに乗ってしまう人も多いと聞きます。巷間、ワンルームマンション投資のセミナーも頻繁に開催され、聴きに行くサラリーマンが多いようですし、過激なタイトルの書籍も数多く出版されています。

しかし、これにも欠陥があり、思惑通りにはならないのです。筆者は、自分の経験も踏まえて『ワンルーム投資は危険が一杯』という書籍を出版し、警鐘を鳴らしたこともありました。不動産投資が他の投資や利殖手段と決定的に違うのは、低利の「住宅ローン」が使えることです。最近は頭金も登記料などの諸費用も、まるごと銀行が貸してくれる金融環境にあるわけですから、これを利用しない手はないのです。しかし、繰り返しますが、「ワンルーム投資」は危険です。

筆者の勧める不動産投資は、価値あるマイホームを持つこと、「住みながら儲ける策」です。しかし、資産形成といってもマイホームは売らなければ損も得もないのです。なぜ資産形成を意識する必要があるのでしょうか？　言うまでもありませんが、いざというとき多額の現金に化ける可能性があるからです。

換金したら住む家がなくなるのではないでしょうか？　そうです。しかし、たとえば、筆者がそうしたように、都区内のマンションを売って郊外に引っ越しするとお釣りが来るのです。地方都市（故郷など）の中古住宅なら、タダ同然で購入できることもあります。

考えられる深刻な問題としては、自分または配偶者がひとりになって、有料老人ホームに入居しようとして探すと、気に入った施設は入居金が高いかもしれないことです。しかし、そんなときでも資産があれば選択肢が広くなって深く悩まずに済むことでしょう。

海外で暮らすご夫婦も少なくないようです。筆者の古い知人夫婦も豪州で暮らしていますが、移住先は東南アジアが多いとも聞きます。ハワイ移住者の実例もときどき見聞きします。

定年後に長く続く老後の暮らしを不自由なく送るには、それなりの現金がなければなりません。そのために退職金を当てにしたり、コツコツ貯金をしていったりすることも方法ではあるのでしょうが、知らず知らずのうちに資産ができてしまうという「安易な道」の不動産投資、すなわちマイホームを購入することが最も確実な方法なのです。

何が安易なのでしょうか？　貯金は苦手、あればつい使ってしまうという人、貯金はしているが何やかやと物入りがあって計画通りには貯まらないという人、転職や転属で収入が減り、計画が狂ったという人など、貯蓄の現実は難しいものです。

これに対し、住宅ローンはいやでも返すしかないので、いつの間にか残債は減って目に見えない形で資産ができて行くからです。「住宅ローンは強制貯金のようなものだ」と説明した人がありました。金利が安い今日、毎月の返済は大半が元金返済に回るので、着実に資産が増えて行くのです。

マイホームを住宅ローンで購入すると、ローンが完済できた暁には何がしかの資産が残るわけですから、賃貸マンションに住み続けることと比較すると「購入」に軍配が上がります。換金した金額が5000万円になったか、1000万円にしかならなかったかの差はあるものの、賃貸マンション住まいの人には絶対に得られないものです。

ボロボロの借家にただ同然の家賃で長く住み、その間に巨額の貯蓄をすることに成功したという人がいるでしょうか？　もし、そのような人がいれば、借家住まいも資産を残すことができるという反論になるでしょうが、現実的な話ではありません。

借家暮らしは家主の資産形成に貢献できることはあっても、自分の資産をつくることには雀の涙ほども貢献しないのです。

最近、既にマイホームをお持ちで住み替えを考えている人にお会いする機会が増えました。特筆できるのは、現在住んでいるマンションを売らずに買える人たちが多いことです。

「新たに買う予定のマンションの資産価値」についてと、「今の住まいは売るべきか保有し続けるべきか」というセットのご相談が多いことが新鮮です。

話をもとに戻しましょう。こうして資産形成を図って行くとして、1000万円よりは5000万円の資産を手にする方が良いことは言うまでもありません。

大事なのはここからです。ここまでは、ローンを返し終わったときの話です。終わっていないにしてもほとんど終りかけている場合です。

ローンが多額にある段階、たとえば35年ローンで組んだローンが25年も残っているようなときに住み替え事由が発生したとき、資産が資産でなくなることもあるからです。

つまり、追い銭を払わなければローンの清算ができないこともあるというリスクです。頭金を2割なり3割なり入れて購入した人の場合には、追い銭は要らないかもしれませんが、だとしても、売却後の手残りがほとんどゼロでは次の行動資金に事欠くことになるかもしれません。

とすると、やはり売却によって手許にしっかり大金が残り、次の住み替え先の購入代金（頭金）にプラスとなるようにしなければなりません。

転勤がない人でも、何かの事情で住み替えの願望や必要は出て来るものです。一番多い理由は、「手狭になったから」というものです。3LDKにしておけば、住み替えを考える手間もかからないと考える人もありますが、３ＬＤＫにも広さはピンとキリがあります。70㎡に住めば、次は80㎡くらいの広さが欲しくなるものです。子供ができる、できないで多少の違いはあるものの、長く住めば荷物が増えるからです。

それ以前に、広さを求めると毎月の負担が重くのしかかる不安が生まれます。その不安を緩和するために安い物件を求めれば、きっと交通の便や環境に問題のあるマンションになるかもしれません。

広さを優先して立地条件の悪い物件を選んでしまうと、売却時に失望する確率が高くなります。有利な売却ができるかどうかは、その後のライフプランを大きく左右する問題です。

こうして考えて行くと、マンション選びは究極のところ「将来価値の見通し」を立てておくこと、言い換えると、「リセールバリュー」を考えて購入すべきであるという所に行きつくのです。「マンション選びは資産価値の視点が不可欠である」と言えます。

THE APARTMENT DICTIONARY

マンションの資産価値の正体

毎日の生活の基盤が家・マンションです。通勤の便や買い物、学校など、欠かせない条件があり、自己実現の欲求とでも言うべき「こだわり」も重要です。こだわりとは、好みと言い換えてもよいでしょう。そうした前提条件や希望などを満たそうとして物色するものの、何もかも満たす物件は存在しません。

モデルルームを見て「こんなマンションに住みたい」と感動したが、よく考えたら通勤が大変なので悩んでいるという例があります。

予算が少ない自分たちにとって広さが魅力の物件だが、バス便が問題という例もあります。場所も建物も最高だが、買える部屋は1階の日当たりの悪そうな部屋しかない、こういう選択をして問題はないかと悩む人もあります。

長く住みたいので、日当たりと眺望を重視しているが、予算は希望の広さ・間取りに届かない。どうしたらいいのか。こうした悩みを訴えて来る相談者もあります。

また、自分は一流志向で「売主」や「場所・アドレス」を優先しています。今とても気に入っている物件があるのですが、施工会社が聞かないゼネコンなのが唯一の引っ掛かりとして残っています。問題はないでしょうか。このような相談を寄せて来る人もあります。

このように悩んだ後、最後のところは些細なことが決め手になって前に進むものです。ところが、そのとき大事なポイントを置き去りにしてしまう人が少なくありません。では、何を忘れてはいけないのでしょうか？　それは、将来の売却を想定し、その価値を決める要素、すなわち「資産価値」という観点ですが、これを優先順位の上位に置くこと。ここが大事なポイントです。

マンションの資産価値を少し分解して説明しましょう。

そもそも資産価値とは何か

不動産を保有すると固定資産税と都市計画税を毎年納め続けなければなりません。そのほか、マンションなら毎月「管理費と修繕積立金」も必要になります。

乱暴に言えば、賃貸マンションの方が家賃だけで済むので安上がりかもしれません。しかし、賃貸マンションにはないメリットが購入にはあることを誰もが知っているからでしょう。マイホーム志向の人が賃貸派より圧倒的に多いのも事実です。

資産価値を左右する条件と順位

資産価値を構成する要素は、全ての要素が揃っていなくとも、以下のような順番で条件を満たしていれば高い価値を持つマンションとなります。資産価値を左右する要素のうち、優先する順位もしくは比重の高い順位を表わすと考えてもらえればいいでしょう。

第1位：立地条件
第2位：建物規模
第3位：外観・玄関・空間デザイン
第4位：間取りや内装、設備など専有部分、及び共用部分のプラン
第5位：ブランド
第6位：管理体制

一番目の立地条件に該当しない物件は論外です。他の条件が束になってかかっても立地条件の比重を上回るものではありません。ちなみに、1から5までの合計を100として立地条件の占める重さを表わすと、70から80くらいになるでしょう。

ここに記載のない番外条件はできるだけ念頭から外しましょう。枝葉末節のものと割り切りましょう。枝葉末節にこだわればこだわるほど、決断できなくなるからです。

メリットがあればデメリットがあるのが世の常です。森羅万象、何事も裏があり表があるもの、メリットだらけの条件が揃った素晴らしいマンションがあるとしても、価格が高くて手が出ないというデメリットがあるはずです。

安いと交通便が悪い。環境が良ければ駅からバス。「広くて安い」を目指すと郊外の、しかも支線の駅。通勤に便利で人気のある街で探すと、条件の悪い住戸しか予算に合う部屋はない、というように、「あちら立てればこちらが立たず」と苦労するのがマンション探しというものです。

ご相談者の中には、5年も探し続けているが未だに決められないという人もありました。

そこで、大事になるのが「妥協」ですし、「優先順位の決め方」なのです。

買い替えの可能性が少しでもある人は、将来の売却価値に重きを置くよう筆者は勧めます。そうなると、優先順位は「立地」になります。建物はどんなに素晴らしく、ブランド力のあるマンションであっても、そして自然環境が良いとしても、バス利用となると、ほかの全ての良さが吹き飛んでしまうのです。

これは、大都市なら例外はないと思って間違いありません。それだけに、立地、特に利便性は優先されるべき条件なのです。

立地条件が良いマンションは価格が高いものです。従って、広さは我慢する必要があるのです。新築を諦めて中古を選択することも必要です。広さまたは新しさを犠牲にしても場所を採る。この覚悟が大事なのです。

永住を前提にしないことが基本

あるマンション購入者調査では、「永住するつもりである」と回答した人が70％もあるというのです。筆者にはどうしても信じられません。設問の仕方の問題ではないかと思うのですが、「永住するつもりであるが、先のことは分からない」ということと解釈するほかありません。

人生は想定外のことが起こるものです。将来のことは誰にも分からないのですし、売却するかどうかも分からないのに、将来のリセールバリューを論じるのは「絵に描いた餅」になりかねないというご批判もいただきましたが、将来のことが分からないからこそ、いつでも処分が可能な、言い換えると資産価値の下落リスクが小さいマンションを選択するべきだというのが筆者の主張です。

筆者も、想定外の理由で住み替えなければならないことが二度も起きました。それが人生というと大仰ですが、自宅マンションは大切な個人資産なのですから、いつでも処分が可能な価値あるものを選んでおきたいものです。

下落リスクの低いマンション、その条件はいくつかありますが、その中で最も影響の大きいものは立地条件です。このことを強く心に刻んでおきましょう。

購入時の価格から下がらない、むしろ値上がりするマンションの立地条件はと問われると、都心にあるとか、駅に近いといったことになります。地域的には人気沿線や東京都内などの限られた物件になります。

しかし、現実問題として郊外や地方都市を選択するしかない人はどう考えたらいいのでしょう。

都心の一等地のマンションは中古になっても値下がりしないが、郊外のマンションは必ず値下がりするような言い方をしたら、どれだけ切ない思いに至ることでしょう。しかし、あえて申しましょう。

東京でも八王子市のような人口58万人の大都市なら市内に住みたい人は多数いるに違いありません。同様に、埼玉県内に勤め先があるので自宅も県内に構える方が良い。そう考える人は勿論たくさんいるわけで、東京都心に通勤する人ばかりではないのです。

ところが、これらの都市のマンションは、東京都心や準都心の人気の街ほど高い価値で処分ができるわけではありません。

そこで、郊外のマンションを選ぶ場合は、地域一番の物件を選ぶなど、可能な限り値下がり率の低い物件を選択するようにしなければなりません。

購入したマンションが、10年しか経っていないのに半値になってしまい、売りたくても売れない事態になる場合があります。

10年経過では住宅ローンの残債が大きく、売却して得られる金銭だけでは弁済ができないが、手元の預貯金には手をつけたくない。このような困った事情を抱えてしまう人は多数潜在しています。

いつなんどき売却の必要があるか分からない、計画通りに行かないのが人生、そんなことを思うとき、気楽に転居できる賃貸住宅と違って、マイホームは行動を妨げる大きな障害になるかもしれない。このように覚悟して購入するとして、その場合の留意点をお話ししましょう。留意点というより一定の覚悟、心構えと言う方がよいかもしれません。それは、次のようなものです。

売却が5年先かもしれないし、10年先かもしれませんが、ここでは20年後を例に取ってお話しします。

①まず、賃料を払ったつもりになって20年の住宅ローンを返済すると考えます。（20年ローンの場合、毎月の返済額は、同程度の条件のマンションの賃料とほぼ同額になるケースが多いはずです。ローンのシミュレーションと、賃料相場を調べて比較してみて下さい。管理費等のランニングコストも概略で計算に入れておきましょう）

②月々の賃料とローン返済金額がほぼ同額の負担であるなら、マイホーム・我が城であることの満足感だけでなく優るものは他にもあるはずです。つまり、物差しで測ることができない、精神的な利益を得ることができるものがマイホームにはあるはずです。

③経済的には以下のように考えます。

20年後、住宅ローンを完済。仮に3000万円で購入したマンションが、そのときわずか1000万円でしか売れなかったとしても、1000万円の手元キャッシュは儲けです。2000万円なら望外の喜びと考えましょう。

ただし、これは住宅ローンを20年で組んだ場合ですから、もっと長い償還期間を選択した場合は、20年後に売却するときに残債を銀行に返済しなければなりません。10年後に売却することになったときは、もっと残高は多いわけです。従って、できるだけ短く組む方がよいのは言うまでもありません。

何年か先に1000万円で売れたものの、ローン残が1000万円では、手元に1円も残らないことになるのですから。

転勤で地方都市に移住した折に念願のマイホームを購入した人がいます。仮にYさんとします。Yさんは、それまでの狭くて古くて、綺麗とは言えない社宅を脱出したのです。ところが、入居して3年で再び転勤になりました。

そこでマイホームを処分することを検討したのですが、何と購入価格の30％ダウンという査定結果に愕然としました。購入時に入れた頭金は30％だったので、それが全部吹っ飛んでしまう計算です。住宅ローンの支払い分は家賃だったと思えばよいとしても、失ってしまうかもしれない頭金を36か月で割ると随分高い家賃を支払ったことになるのです。

3年間の地方都市ライフは快適でした。家族も幸せそうでした。その精神的利益は測りしれないと言えますが、「この3年間、賃貸住宅にしておけば、頭金を失うことはなかった」とYさんは後悔しましたが、後の祭りです。

10年後、20年後に果たしていくらで売れるかは予想が困難です。もっと先の30年後なら更に難しいと言わざるを得ません。管理・メンテナンス次第ですが、築20年くらいの中古マンションを購入した人なら、30年後は築50年となり、色々悩ましい問題が発生するかもしれません。

しかし、そうであるとしても人里離れた山の中でない限り、売却額がゼロ円ということはないはずです。少しでも手元に残れば、精神的利益と金銭的な利益の両方を手にすることが可能なのです。地域一番の物件を選んでおけば、手残りは大きくなるはずです。

売らなければ損も得もない

１９８３年以前にマイホームを買った人の多くは、バブル期に大きな値上がりを体験しました。タイミングや購入した物件・場所によって差はあるものの、短期間に我が家が２倍、３倍になったことで驚いたものです。

しかし、現に住んでいる家の値段が何倍になろうと、何の得もありませんでした。むしろ、固定資産税がアップしたことで苦々しく思った人もあったはずです。

一方、売却した人は、高値に驚くとともに手にした金額に喜び一杯だったことでしょう。ただし、その資金でもっと良い住まいを手に入れようとすると、郊外のまだ値上がりの波が及んでいない街へ行くほかにありませんでした。売却した場所の近くは同じように値上がりしていたため、売却して得た金銭に（新たなローンなどで）プラスしなければランクアップした家は買えなかったからです。

反対に、バブル期に高額な住まいを購入した人は、その後の極端な値下がりを体験することとなりました。何かの事情で売りたいとなったとき、現実の厳しさにぶつかりました。売却して得る金銭では住宅ローンの残債を清算できないことを知ったからです。いわゆる追い銭が必須でした。その金額の大きいこと。結局、売却を断念した人も多かったはずです。

しかし、売却を断念した人は、含み損を抱えてしまったものの、損失が確定しないで済んだということになります。

売却しなければ損も得も表面化しないということです。

矛盾するようですが、最悪の場合は換金を当分の間だけでも諦めることです。といっても、そのマンションが打ち出の小槌のようにキャッシュを生み出すものであって欲しいですね。つまり、賃貸がしやすいことが大事です。

そのためには、地域一番でなくても駅から近いなど貸しやすい条件の物件を選んでおくことが必須となります。賃貸マンションの借り手は当座の仮住まい意識が強いので、狭くても便利な住まいを優先するからです。駅に近いほど貸しやすいと覚えておきましょう。

THE APARTMENT DICTIONARY

住宅ローンが終わったときの正味資産

建物の劣化が進めばマンションの価値も低下します。しかし、朽ち果ててしまうことはなく、居住者があって、管理が普通に行われていれば、最長の35年ローンを組んだ場合でも、完済時の正味資産は結構なものになるはずです。

買った（または買おうとしている）マンションの周囲の中古マンションの価格を調べてみましょう。新築で買った自宅の35年後価格を知りたければ、築35年前後のマンションの価格を見れば目安になります。

たとえば、世田谷区の新築マンションで70㎡を7000万円で購入したとします。調べてみると、近くで35年前に建てられた中古マンション70㎡が5000万円で販売中と分かりました。築35年でも結構高いものです。

35年後は、相場が上がっている可能性が高いのですが、仮にこのままであっても住宅ローン完済の暁には5000万円のキャッシュが残る可能性が濃厚です。少なくとも4500万円にはなりそうだなどと期待できます。それより多ければ、おまけと考えればいいでしょう。

築30年のマンション80㎡を5500万円で買った場合はどうでしょうか？

35年後には築65年となります。これだけ古いマンションは、今はまだ存在しません。しかし、築50年くらいは市場に出ています。旧耐震基準のマンションなので耐震性の問題があるものの、目安としては使えるでしょう。

近隣に4900万円というのがあるではありませんか（世田谷区の実例）。随分高い。本当か？　よく調べてみたら、リフォーム済みとありました。そうか、リフォーム前なら500万円くらい安いのかなあ？　それとも1000万円くらいか？　1000万円だとして3900万円？　それでも結構高い。

5500万円で買ったマンションに35年住んで3900万円なら悪くない。こんなふうに思えるのではないでしょうか？

いずれにしても、35年でこんなに多額の貯金ができる、自分で住みながらの結果です。マンションは資産形成に大きな力を発揮することがお分かりいただけるはずです。

THE APARTMENT DICTIONARY

ローン完済の前に売る場合はこうなる

35年住み続ける可能性は低いと思いますので、買ってから10年後なり15年後に売る場合はどうなるのか、そのシミュレーションもしておきましょう。

基本的には売却価格が大きく下落しなければ、ローンの残債を清算しても手許にキャッシュが残るはずです。15年後に売る場合で考えてみましょう。

70㎡5000万円で購入したとします。

15年後の売却を想定し、15年後のローンの残債を計算しました。固定金利1・2%で計算すると35年返済の場合、38%も減ると出ました。

毎月の返済額は、頭金なしのフルローン5000万円の借り入れで約14万5000円です。管理費と修繕積立金、及び固定資産税の月割り額の合計が約5万5000円として、合計負担額は20万円/月としました。この地域の賃料は、同程度のマンションを借りたとすると20万円では済まないことが分かっていますが、ここでは返済額と賃料を同額とします。

これを15年後に売却するとして、ローンは38％減って3100万円しか残っていません。とすると、仮に仲介手数料を差し引き4100万円で売れたとすれば1000万円のキャッシュが残ることになります。購入時に仲介手数料と諸費用で別途250万円払ったので、その2500万円が1000万円に増えて返って来たようなものです。言い換えれば、15年の間に750万円もの利息が付いたことになります。

しかし、売値が3100万円にしかならなかったら、つまり38％も下がったら手許に残るキャッシュはゼロです。この場合は、賃貸マンションに住んだのと変わらないことになります。4100万円で売れるという仮定は、5000万円の買い値から見れば、18％の値下がりです。それで済むのか、もっと下がるのか、カギはその点に尽きます。

結果は物件固有の条件によって変わります。市況の如何にかかわらず購入物件によってリセールバリューは大きく異なるのです。筆者の研究では、東京都だけでも一定期間に50％も値上がりした物件と50％も値下がりした物件がありますし、都心の同じ駅の物件比較でも30％上がったものと10％しか上がらなかったものがあるのです。

THE APARTMENT DICTIONARY

都心と郊外のマンション格差

全国的な視点でマンションの価値を比較し、それを端的に価格で表せば、どなたも想像できるように東京都が最も高く、地方都市は安いということになります。

何億円もする高額なマンションを建てても、それを購入する人が現実に多数存在する東京。7000万円もしながら70㎡あるかないかの広いとは言えないマンションを購入できる高所得のサラリーマンが何十万人も住む東京。

築30年を経ても、億ションであり続ける中古マンションが存在し、買いたい人が直ぐに現われる東京の中古マンション市場。

対して、3000万円の予算があれば、80㎡の広さを手に入れられる地方都市の新築マンション。職住近接で便利な立地にありながら、安価な地方都市のマンション。

東京にいる者から見ればうらやましい限りですが、東京に職場を持つ以上、地方都市のマンションに価値を見出すことはできません。

同様のことが、東京圏の中でも言えるのです。東京の外周部のマンションは、都心に比べれば安価です。新築もそうですが、際立つのは中古です。

都心の中古マンションの価格が新築対比で80％以上であるとき、同程度の建物価値があると見られるマンションでも、郊外では近隣の新築対比50％以下などという例は特別なことではないのです。

たとえば、千葉ニュータウンに行けば、新築も安く４０００万円で80㎡のマンションが買えますが、中古は築10年で80㎡が１８００万円程度、つまり新築対比50％以下で買えるのです。

このように、都区内の新築が５０００万円であるとき、同程度の中古は４０００万円以上、街によっては４５００万円もしますが、郊外では新築が４０００万円する中、中古は２０００万円と格安に買える例がたくさん見られます。つまり、東京圏の中にも東京と地方があるようなものです。

こうした実例データを拾って行くと、マンションの価値は立地条件によって大きく異なるものであるという結論に簡単に辿り着きます。なかんずく、中古マンションは都心と郊外の差が大きいのです。

THE APARTMENT DICTIONARY

立地条件の良し悪しを測る基準

立地条件が良いとか悪いとかは、どのような基準によるのでしょうか?

ひとつは、先に述べたように、居住者の生活圏（通勤や通学）によって立地条件の良し悪しが判定されるという「個人的な尺度」があると考えられます。通勤・通学の他には、「実家が近い」が典型的な個人事情です。

二つ目は、普遍的な意味、言い換えれば「大多数の人が考える基準」があります。大多数の人が良い立地と見るマンションは、言い換えれば人気の場所ということになり、需要ボリュームも多いことを意味します。

交通、買い物等の生活の便、環境の良し悪し、治安等、「居住快適性」と、豪雨や地震・津波など「自然災害への抵抗力」などを含めて人気の高い街とそうでもない街というランクが存在します。

恵比寿、吉祥寺、三鷹、横浜、自由が丘、武蔵小杉、二子玉川、広尾、中目黒、代官山、神楽坂といった街は、新聞・雑誌によく登場する「住みたい街ランキング」で上位に来る街として知られています。

人気がある、すなわち需要が多ければ価格も上がる。ごく自然なことです。人気の高さを分析すると、以下のようになると考えられます。

マクロの基準

①郊外よりは都心の街・駅が望ましい

郊外でも横浜、大宮、八王子、立川、千葉といった比較的人口・経済規模の大きな都市は地元ニーズの多さに支えられ、比較的高い評価につながるのです。

②都心直結の幹線鉄道（都心へ直接アクセスできる鉄道）の駅が望ましい

中央線・総武線などのＪＲ各線、新宿・渋谷などを起点にする私鉄の各線が良いのです。枝分かれする路線・支線は避けたいものです。

③各駅停車より急行停車駅が望ましい

移動時間が短く便利である方を人は好みます。

④駅力《えきりょく》の高い駅・街が望ましい

駅を中心に買い物施設、エンターテインメント施設、個性的で多種多様なレストランやお洒落なカフェなどが豊富に出店していて、賑わいのある街、ただし風俗店はない街（駅）が望ましい。住みたい街・住んでみたい街ランキング上位に登場する人気の街が該当します。

ミクロの基準

①駅からの距離は徒歩5分以内が目安

傘なしで玄関まで到達できる駅直結が理想的。ただし、駅に近い場合、電車騒音、高層ビルの密集による開放感の欠如、日当たりの悪さなどがマイナス評価となることもあるので注意を要します。

現状は問題なくても、隣地が比較的規模の大きな駐車場であったりすると、近い将来高層建物が建つ可能性がある。その可能性が一目で分かるような立地は評価ダウンです。

②駅から徒歩10分は超えないことが重要（5分以内が理想）

10分超でも許容できるとしたら、遠さを補って余りある長所を有する場合です。

たとえば、アプローチが（理想はアーケード付きの）活気ある商店通りであることや、街路樹が整備された美しいシンボル的な通りであること、または到着したマンションの前が樹木の生い茂る大規模な公園になっているとかオーシャンビュー・リバービューが圧巻である、大規模なショッピングモールに隣接するといった場合が駅からの距離の長さを補ってくれます。

緑豊かで閑静な住宅街の中という立地条件にあれば、言うまでもなく利点・長所となりますが、駅からの近さとは両立しないことが多いものです。上記のような圧巻のアプローチや眺望条件などを持たない場合、「好まれるのは駅近」の方になります。

③アプローチ道路は、車道より一段高くなった歩道付きが望ましい

次がガードレール付き。白線のみの歩道は評価ダウンとなります。

④買い物の便

大型スーパー、ホームセンターなどのほか、専門店が揃っていることが望ましい。

⑤学校：小学校までの距離が近くて安全なこと

通学路に危険な道がないかどうかがキーポイントです。郊外のマンションによく見られるのは、小学校まで子供の足で30分もかかるという物件。広告表示は大人の足で○○分とあるので注意したい点です。

⑥高台か低地かも重要な評価要素

言うまでもなく高台が高評価となりますが、その代わり坂道を上り下りしなければならないので、程度問題でもあります。

THE APARTMENT DICTIONARY

資産価値は駅力が決め手

「資産価値を左右するのは街・駅の人気度」です。人気のある街を「駅力の高い街」とも言います。駅力とは、ある種のマーケティング用語です。簡単に言えば「駅周辺の街が栄えているかいないか」という指標のことです。指標と言っても、いくつかの項目ごとに大雑把に5点満点で採点し、その合計数値と考えてもらうといいでしょう。ＡＢＣの3ランクで公表している例もあります。

項目とは、①生活利便性（買い物や飲食、娯楽、医療施設、保育所などの充実度）、②当該駅の乗降客数、③賃貸マンションの賃料水準、④劇場やミュージアム、大学などの数などから見る文化度、⑤公園などの緑地の多さなどです。

この指標は必ずしもオーソライズされたものではなく、調査機関が独自に定めたものです。

マンションの価値は、立地条件で決まると言って過言ではなく、資産価値に占める立地の比重は非常に大きいのです。

都心の高級マンションは建物が高級という意味だけではなく、高級住宅街という高価で得難い場所にあることが条件です。極端な言い方をすれば、富裕層が金に糸目をつけずに欲しがるような立地であること、そして建物の高級感も同時に求めるからこそ生まれる稀少価値ある高級・高額マンションとなっていることです。

最も有名な街は「麻布・青山・赤坂」の3A地区と白金、高輪、三田（以上、港区）、広尾、松濤、代々木、神宮前（以上、渋谷区）、番町、九段、麴町（以上、千代田区）などで、これらの街にある高級マンションの場合、中古の80㎡でも1億5000万円もします。

都心の高級住宅街は、最寄り駅が必ずしも賑わいのある街というわけではありません。商店も飲食店なども十分に揃っているとは言えません。それでも、限られた階層しか住めない街であることや、緑多い環境の良い街、各国の大使館が集積しているために治安が良い街などに優越とステイタス、プレスティージュを感じるのでしょう。

これに対し、「住んでみたい街ランキング」などの上位に位置する外周部の街の共通点は、駅を中心に買い物や飲食、広場、エンターテインメントなどの各種施設が豊富に揃っていることが特徴です。つまり、駅力が高いのです。

新規開発が難しい駅・街で、たまに注目を集める大規模で優良なマンションが売り出されます。マンション開発に向くような空地がない街のこと、そのマンションは言わずもがな再開発案件です。既存ビル・住宅等の建て替えということです。

といっても、土地をデベロッパーが買収して開発するわけで、稀少価値が高い土地だけに引く手あまたの競争となり、入札方式で高値を付けた企業が取得するか、売り手（土地の所有者群。再開発組合）の強気な条件を呑んだ企業が選ばれたりします。

高値で土地を買えば、マンションの売値も高額になります。しかし、それでも採算が取れると判断して高額の札を入れるデベロッパーは少なくありません。

言い換えれば、高くても売れると考えるのですが、その自信の根拠は「駅力の高さ」と「有力な競合物件がない」ことにあるのは言うまでもありません。

駅力に関して、誤解のないように補足しておきます。

都心の地下鉄の駅は、駅前にはこれと言って大きな施設がない、飲食店もまばらに見られる程度といった街があります。それでも価格の高いマンションが多数ある、新築は滅多にないが、有名なマンションもあって、高額な取引事例が少なくないという街が存在します。これはどう考えればいいのでしょうか？

都心は最寄り駅の前でなくとも複数の駅が近くにあり、少し足を伸ばせばＢＩＧターミナルも控えています。四方八方に何でもある。生活の楽しみに事欠かないからです。

THE APARTMENT DICTIONARY

人気が衰えない鉄道と避けた方がいい鉄道

マンションの価値が高い立地条件のひとつは「駅近」であることですが、駅近といっても、駅がどの駅なのか、またどの沿線なのかによって随分差があるものです。ここでは、鉄道沿線の価値について述べます。

幹線鉄道と枝線鉄道

幹線鉄道は言うまでもありませんが、枝線鉄道とは聞きなれない言葉かもしれません。筆者は主要鉄道から枝分かれしている鉄道のことと定義しています。

枝線には、ふたつの種類があります。主要鉄道の駅で乗り換える必要があるものと、二股に分かれる駅でも乗り換えなしの直通電車の運行線があります。ご存知の通りです。

幹線鉄道を補足すると、東京都心とダイレクトにつながる鉄道ということです。

いずれにしても、ここでの話は東京都区部のことではなく、首都圏の郊外都市を念頭に置いての記述であることをお断りしておきます。

枝線マンションの価格は本当に安いか?

マンションの価値を考察してみると、枝線は概して分譲価格が安いものです。従って、安いマンションを探したい人は乗り換えを要する枝線の駅の周辺を探せばいいということになります。

なぜ安いか。その理由は簡単です。地価（土地の取得費）が安いからです。建築費は幹線鉄道側でも枝線側でも変わらないのですから。

問題は安さの度合いです。マンション価格に占める土地費の割合は、郊外では30%程度ですから、ここがゼロになれば分譲価格も30%低いレベルになりますが、実際はゼロでないので、幹線側の土地代に対して半値で取得できたとします。としたら、分譲価格は幹線鉄道のマンションの85%相当額に下がるに過ぎません。

それでも15%の差は大きいと言えます。郊外の幹線鉄道駅で4000万円のマンションに対し、乗り換えて枝線に入ると、3400万円になるのなら随分安いという感じがしますから。

逆に言えば、このくらい安くできた物件は販売も順調に進みますが、そこまで安いという印象がなければ苦戦してしまうのです。さらに、乗り換え駅から5つも先の枝線の駅ではまた違った印象になることでしょう。

価格の高い・安いの差は、買い手の心理的な要素が大きく、一律に判定する公式のような物は存在しません。

不動産価値の判定方法には、「取引事例比較法」や「収益還元法」などといったものがあるのは確かですが、マンション事業者が価格を考えるとき、あるいは土地を買うときの参考指標は、先発マンションの価格と売れ行きなのです。

先発マンションより高い試算になる案件であっても、建物のプランニング次第では好調に売れてしまうものであり、つまらないプランニングであれば反対に他社並みの価格でも売れ残るという事実を学習しているからです。

枝線マンションは一見すると確かに安いのですが、安くても価値に見合う安さのマンションかどうかというと、割高な物件が多いのです。

THE APARTMENT DICTIONARY

伊豆や軽井沢で仕事する人が増えたら？

街の発展は人口の増加と密接な関係があります。東京に人口が集中したとき、様々な問題を引き起こしているとして、人口を分散するための施策が何度も検討されました。官公庁の一部を地方都市に移そうという最近の動きもひとつですし、その前は遷都（首都移転）も構想にのぼりました。

地方創生の政策も数えられるでしょう。自治体も「町おこし・村おこし」に取り組んでいます。「定住者を募集」の看板を掲げている島などの話もときどき聞きます。

しかし、これらの策によって地方都市が衰退から成長に転換したという実例はあるでしょうか。

わずかな伸びが見られるだけで、空き家問題の解消にいくらか役立ったという程度です。

時代は移り、「インターネット環境さえ整っていれば、仕事はどこでもできる」ようになっていますが、伊豆や軽井沢のようなリゾート地に何万人と人口移動する可能性は低いはずです。北海道のニセコ地区のような訪日客の増加でホテルや別荘建築が増えて地価が上昇している例もありますが、これは例外的です。

首都圏のマンション需要は、新築・中古合わせて年間8万戸ほどですが、これは世帯数1300万の0・6%に過ぎません。従って、首都圏の世帯数が100万減少すれば、6千戸の需要が消失する、すなわち、8万戸が7万4000戸に減るだけです。

今後も、東京の人口が減ってマンション需要も減るということにはならないのではないかと考えています。東京都の人口推計では、区部が2026年、全体では2025年がピークで、以降は減少に転じるそうですが、それでも地方都市のような減少速度ではないはずです。都心や都心に近いエリアは減少しないという予測もありそうです。

マンション需要は人口の増減だけでなく、高齢者世帯の増減、単身者世帯の増減などによっても変動しますが、人口の大幅な減少がない限り大きく減ることはありません。

東京圏で購入したマンションの将来は、全体として見た場合、郊外都市を除けば心配しなくてよいかもしれません。ただし、物件固有の条件によって大きな差ができるものであることを繰り返しておきます。

THE APARTMENT DICTIONARY

差別感と感動で物件格差は決まる

マンションの価値を考えるとき、「差別化」または「差別感」という視点が有効です。「感動があるか」という視点も大事です。

①差別化された（明確な差別感がある）物件であるか？

希少価値という表現でもよいのかもしれません。「隅田川テラス沿い」、「吉祥寺公園の最前列」、「東京タワーが目の前」、「眼下にレインボーブリッジ」といった景観、「傘が要らない駅直結の立地」、「ターミナル駅へ徒歩2分」などといった環境・景観・交通利便性がどれだけ希少な物件かというチェックが必要です。

似たり寄ったりの外観が並ぶ中に、ひときわ光る個性的な外観デザインのマンション、14階以下のマンションが立ち並ぶエリアに50階建てのタワーマンション。前面道路から20メートルも距離がある位置にエントランスがあって居住者以外は近寄りがたい雰囲気のマンションなど、建物の形状や規模などで周囲のマンションに圧倒的な差異を創り出している物件なのかどうかをチェックすることも重要です。

②感動を与えてくれる（与え得る）要素がある物件か？

結局のところ、売却に際して内見者をいかに感動させるか（感動してくれるか）という視点で、購入しようとしているマンションを見ることなのです。感動要因が数多く、つまり「すごい・素敵」を連発させられるかがカギになるというわけです。

たくさんの感動を与えることができるマンションなら、売り出した価格からほとんど値下げすることなく（希望価格で）、しかも短時間で売却が実現できるのです。

THE APARTMENT DICTIONARY

自宅を他人目線で見ることの大切さ

感動を与えられるかどうかということの検討は「他人はどう思うか」という視点と言い換えられます。資産価値とは、「リセールするときに他人はどう見るかという視点」にほかなりません。あなたにとって好条件の良いマンションであっても多くの他人が評価しないマンションのリセール価格に期待は持てないのです。

例を挙げると、自分は「無駄な共用施設がないマンションだからいい」と考えても、他人は「付加価値が高いマンションがいい」と考えていますし、「内廊下で角部屋。通風・採光ともに優れている」と惚れても、「ワンフロアに3戸しかないマンションは細身で貧相に見えるので素敵なマンションと思わない」のです。

その意味で、他人がどう思おうと一向に構わないと考える人は別ですが、客観的な評価として「良いものは良い、問題ある部分はここだ」とズバリと論評をしてくれる筆者のような第三者に聞くのも一考です。

自分の好みとライフスタイル、家族構成、通勤の便などから選びたいマンション、無論、予算という問題もありますから、優先すべき点、妥協すべきことなどをわきまえて候補物件を絞っていくはずです。

しかしながら、そのとき「資産価値＝リセール価格」という視点をうっかり忘れてしまう人は少なくありません。また、リセールバリューを見落としているわけではないが、どの程度の価値になるのか、それが分からないという人も多いのです。

問題は前者です。自分の物差しだけで決めてしまう人は、自分の目線しか持たない人だと思うからです。

他人がどう思おうと自分が惚れて選択し、快適に暮らすことができそうなマンションを買う。それでいいではないか。そう反論する人もあります。確かに、マンションは売らなければ損も得もないのですから。

ところが、何らかの事情で売る必要が起こった場合、そこで初めて損得がはっきり出てしまいます。10年とか15年という時間が流れてから後悔したり、落胆したりすることは避けたいものです。

そのためにも、購入時に他人目線で購入マンションを眺めてみることが大事です。

筆者のマンション評価レポートは、見ようによっては「辛口批評」なのかもしれません。様々な感想をいただきますが、落胆したと言われることもあります。読み手（依頼者）にとって惚れたマンションだけに、けなされたり、貶《おとし》められたりしているような印象になるのかもしれません。

次のような感想をいただいたことがあります。簡略化していますが、紹介します。

三井さま、Xです。丁寧なレポートありがとうございました。レポートを読んだときは、率直な感想のためドキッとしましたが、専門家の意見が聞けてよかったです。

しっかりコメントをもらうことで自分が購入したいという気持ちが強いということが再認識できました。リセールバリューが期待できない分、年収を上げる努力をしたり、節約したりと生活努力でカバーしようと思います。

右記感想文は、筆者が目指す理想的な事例を表しています。なぜなら、誰が見ても最高の物件なら迷う人はいませんが、そのような物件がないからこそ筆者に評価を依頼して来たり、意見を求めて来たりするわけです。何かしら問題や懸念材料があるからこそ悩み、迷うのです。

筆者は当然、懸念点・問題点を無遠慮に指摘します。ゆえに、惚れて目がくらんでいる人は、気付いていない部分を指摘されてグサッと突き刺さるのかもしれません。

しかし、それが筆者の使命だと信じています。「あなたは正しい決断をしようとしています」と言えば、きっと喜んでくださるでしょう。なぜなら、大半の依頼者は背中を押して欲しいとも考えているからです。でも、筆者は期待を裏切ってしまうことが多いのです。

資産価値の客観的な視点で懸念点・問題点に気付き、時には一定の覚悟を持って買うのと、気付かないまま買うのでは全く違う人生になるかもしれません。

Xさんのレスポンスは、ほめられて喜んだわけではなく、むしろショックを受けたかもしれないのですが、それでも「このマンションは悪くない。購入後はこうしよう」と決断したことを記し、その後の進むべき道を知ったと語っているのです。

筆者が最も嬉しく感じた感想メールでした。

マンション選びのポイントは、資産価値だけが条件ではないこと、完璧な物件はないこと、住み手が快適さや満足感を得られるなら他人が何を言おうと関係ないことです。言い換えれば、自分が満足と思う物件なら、その選択が間違いとは言いきれないのです。

まして、そこに辿りつく過程で無知な判断をしたわけではなく、他人目線で欠点もリスクも認識したうえで判断した場合、そこに「後悔」はないはず、そう筆者は信じます。

THE APARTMENT DICTIONARY

みんなが損をする時期に自分だけが喜べる物件

マンション選びで最も大事な要素は「購入価格」にあるのかもしれません。価値に見合わない高値で購入（高値摑み）すれば、どれほど立地が良くても、また建物が立派でも将来価格は期待外れになるからです。

今（2018年＝執筆時）は2013年から続く高値の時期に当たっているので、例外なく高いマンションを買ってしまうことになりそうです。反対に底値のような時期に購入した物件なら、次の上がり相場のときに売れば、平凡な物件でも値上がり益を得ることができます。

最近の売却者で2005年頃に購入した人は、購入価格よりびっくりするほど高く売れて喜んだことでしょうし、もっと極端には2012年頃（今般の値上がり前夜）に購入し、5年後の2017年に売却した人は20％も高く売れて（5000万円が6000万円になって）ホクホクだったはずです。しかしながら、それでも物件格差が大きかったことは事実です。

不動産は一斉に同率で値上がりすることも一律に値下がりすることもありません。固有の条件によって、100万円しか儲からなかった人、1000万円儲かった人といった差ができます。みんなが損してしまうようなときも、自分の家だけはわずかだが儲かったということがあり得るのです。同じエリア内においても高く売れる物件とそうでもない物件というように、物件格差は必ずできるものです。

タイミングによっては需給バランスが変わり、高値になったり安値に戻ったりします。新築価格が急騰している時期に売り出すと、割安な中古に需要が向かうので、中古が引き上げられる恰好となって上昇します。2018年時点がそのときです。固有の条件は「平凡」の域を出ていない物件であっても、期待できるのはこのケースです。過去にも、その恩恵に浴することができた人・物件は多いのです。従って、売り出しのタイミングが重要と言えるのです。

結局、平均点以上の優良な物件（特に好立地の物件）を選ぶこと、そして他力本願的ですが相場が上がってくれること、この二つの要因によって購入マンションの将来は高い資産価値が期待できるということになります。

運の悪い人、つまりタイミングが悪い人は、相場の下落によって損失を被るかもしれないということでもあります。だからこそ、より価値ある物件を選ばなければならないのです。みんながが損する時期にあっても自分だけが儲ける、少なくとも損を出さないで済むマンション選びに注力しなければなりません。

第3章のまとめ

＊マンション選びは資産価値の視点が不可欠である。
＊マンションの資産価値は立地条件が大部分を占める。
＊いつでも残債以上で売れる物件を買うべきだ。
＊売却しなければ損も得も表面化しない。売らずに耐えるのも策。
＊中古でも新築の8割で売れる「東京」と半額になる「地方（郊外）」がある。
＊立地の基準は、都心・幹線鉄道・駅徒歩5分以内・生活しやすさ。
＊購入マンションを他人目線で見ることから物件を見る眼は養われる。

第４章

新築マンション価格の成り立ちと変動要因

THE APARTMENT DICTIONARY
CHAPTER 4

THE APARTMENT DICTIONARY

新築マンションはどう価格変動するか

短期間に高くなり過ぎた印象が強い昨今。何が原因で急騰したのですか？　また、これはいつまで続きますか？　今後はどうなりますか？

この種の質問をこれまで何百回と受けました。第2章で新築マンションの価格は下がりそうにないと書きましたが、この章では、新築マンションの価格の成り立ちと今後の見通しについて筆者の考えを詳しく述べようと思います。

高くなった新築マンション、最近の動きを見てみましょう。グラフの数字は専有面積1坪当たりの単価を示します。２００３年を１００とすると、２０１７年は１５８になり15年間で58％も上昇しています。２００６年から２００８年にかけて価格が急騰したために販売率が悪化しました。そこへリーマンショックが発生、これを契機に世界的な金融危機が勃発。やがて、世界同時不況につながったことは10年経った今も記憶に新しいところです。

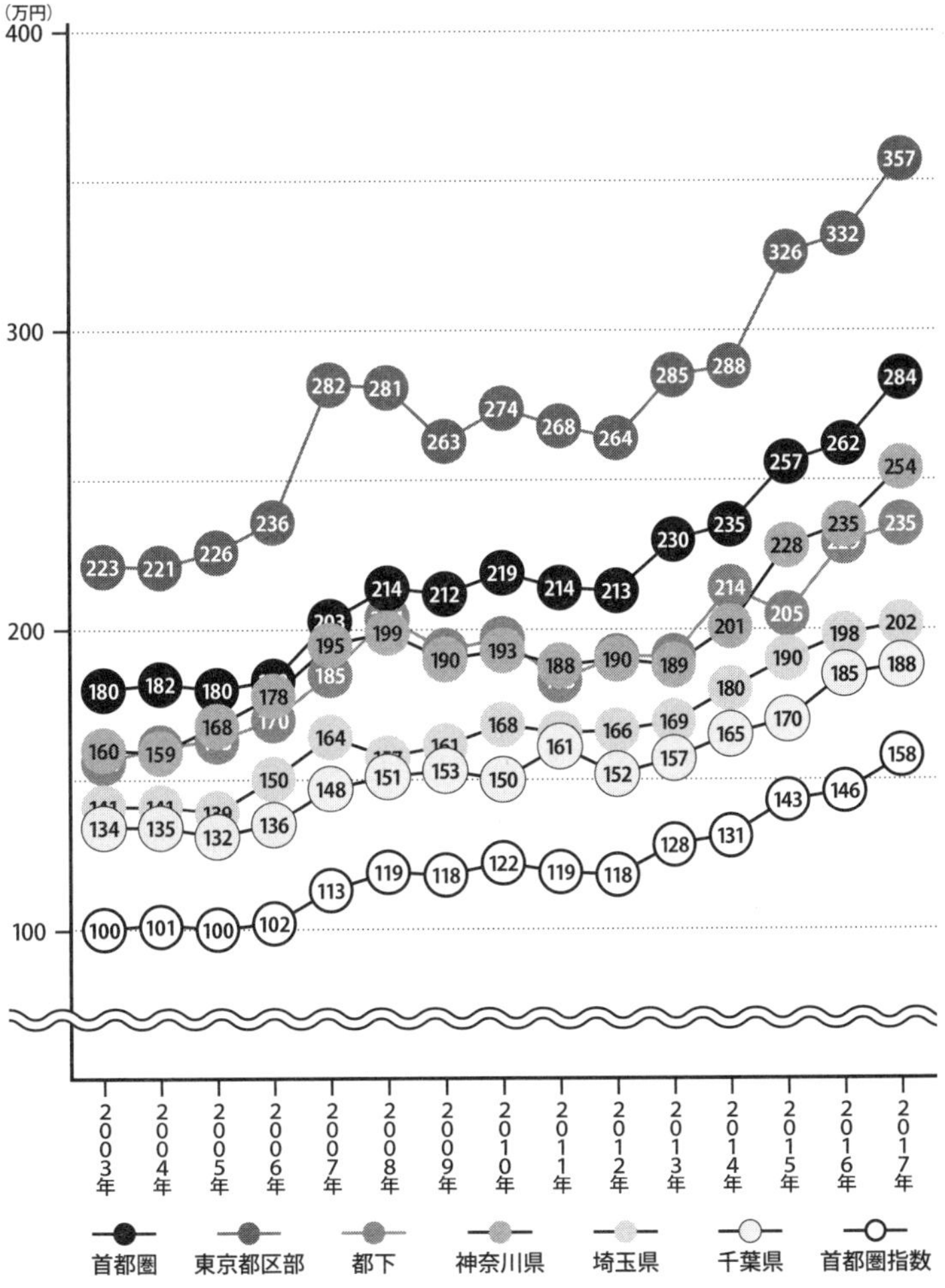

（出典）不動産経済研究所のデータから作成。首都圏指数は 2003 年＝100

首都圏新築マンション最近10年間の価格推移（坪単価）

この影響でマンションの売れ行きが一段と悪化し、その後の価格下落につながったのです。首都圏全体で見れば、大きな下落はなかったのですが、顕著に表れたのが東京都23区でした。ただ、下落率は小さく、2009年の東京23区の単価は2008年比で6・4％の下落に過ぎなかったのです。そこから、2012年までの4年間は横ばいで推移しました。

2011年3月11日、東日本大震災が起き、建築費が上昇しました。復旧・復興工事が人手不足となって人件費の高騰を生んだからです。その影響が新築マンションの価格にくっきりと表われ出したのは2013年でした。前年比8％も急騰したのです。

2013年以降に焦点を合わせてみましょう。グラフをご覧ください。値上がり前夜ともいうべき2012年の東京23区の坪当たり単価は264万円でしたが、2017年は357万円となり、5年間で35％も上昇したのです。70㎡（21坪）換算では、5540万円から7500万円になりました。約2000万円、毎年400万円ずつ上がってきたことになります。

2014年は、落ち着いたかに見えましたが、2015年は前年比で13・2％も上昇しました。2016年もわずかながら上昇、頭打ちかと思いましたが、2017年は再び急上昇し、前年比7・5％も上昇したのです。

バブル後の底値圏以降は、一時的な停滞と下落はあるものの、基調は緩やかな右肩上がりである（ただし、23区は上下動が激しい）ことが読み取れます。

新築マンションの価格はメーカーが決める

価格が上がれば物は売れなくなるのが普通です。マンションも高くなると、売れ行きは鈍ります。

そのことを一番よく知っているのがほかならぬマンションデベロッパー（売主）です。しかし、それでも新築マンションの価格は硬直的です。下がるはずの状況下でも中々下がらないのです。

そもそも利幅が大きなビジネスではないので、下げ余地が小さいということもあるのですが、マンションは同じものが二つとない特異な商品であることに理由があります。

家電量販店には、「当店より安い店があったら、その店の値段までお値引きします」などと価格にこだわる店がありましたが、インターネット時代になって以降、何でも価格比較をしてみせるサイトも登場して、同じ品なら少しでも安い店を選ぼうとする消費者の要求に応えよう

としています。

しかし、マンションではあり得ない話です。たとえ、同じような形をしていても、場所が違い、建物の品質も違い、ブランド価値も違うのです。また、同一マンションでも、10階と2階では、窓から見える景色も違いますし、同じ階でも80㎡と60㎡では広さも間取りも違うからです。

極論すれば、世界に二つとない商品、それがマンションです。比較したくても比較対象は極めて限定的で、同じエリア・駅といった狭い範囲には、比較するものが皆無だったりします。

さらに、マンションは大量生産ができませんから、作れば作るほど一品当たりの単価が下がるなどということはありません。建設地に作るマンションの数（この場合、住戸数の意味）は、法が定めた範囲でしか作ることができないからです。

このため、何となく高いかなと感じられるものでも、限定品ゆえに買ってくれる人が現れます。

このことにメーカー（マンションデベロッパー）があぐらをかいているわけではないのですが、メーカーはいつも強気です。原材料費（土地代と建築費）が上昇したら、「ごめんなさい。仕入れ価格が上がったので売値に転嫁させていただきます」と当たり前のような顔をして価格を決めます。

先月まで販売していたマンションの単価を今月から値上げするということではなく、1年前に近くで販売した他社（又は当社）の70㎡のマンションは5000万円でしたが、原価が高くなったので当社（今回）は6000万円にさせていただきますよというわけです。

念のために補足しておきますが、マンションはメーカー直販品です。問屋も小売店もないのです。これが電気製品などの消費財と異なります。言葉は悪いですが、中間搾取する業態は元々存在しないのです。敢えて言えば、販売を販社に委託する場合があるので、手数料を払って売ってもらう形態はあります。

家電製品も、量販店ができる前は街の電器屋さんにメーカーが決めた価格で販売を委託していました。売れたら、メーカーからリベートが入る仕組みだったのです。この価格を「メーカー希望小売価格」と呼んでいました。この構造を破壊し、価格革命を起こしたのがスーパーマーケットであり、家電量販店です。

残念ながら、新築マンションの世界では「メーカー希望小売価格」が定着し、この構造を破壊する仕組みはまだ誕生していません。

THE APARTMENT DICTIONARY

マンション価格が急騰する原因

新築マンションの価格は、おおまかに分けると、土地代＋建築費＋販売経費＋利益という構造になっています。

都区内のマンションは、販売経費と利益の合計が販売価格に対し20％、土地代が同40％、建物代が同40％という比率が一般的です。郊外に行くと、土地代が安いので25％、建物代55％という比率となります。

建築費が上がって、２０１３年頃から新築マンションは値上がりを始めました。その後、土地代も上がって、値上がりが続いています。

建築費の上昇は、東日本大震災の復興需要によって専門職・建設労働者の人手不足が深刻な状態に陥ったためです。先に述べた通りです。建築費の45％は労務費と言われるだけに、値上がりを抑制する手立てはなかったのです。

今後の見通しについても、建築費に関しては悲観的な見方が圧倒的です。つまり、まだ東日本震災、その後に起きた熊本地震の復興需要は残っていますし、国土強靱化政策によるインフラ投資が急増しているうえ、東京オリンピック関連需要が本格化しているからです。

土地代の方はどうでしょうか？　新聞に発表される地価統計は全般的な傾向を示すもので、東京都心の商業地は前年比でプラス３％であったが、郊外の住宅地はマイナス３％だったなどというもので、わずかな変化にしか見えません。

２０１８年3月27日発表の「公示地価」でも、地域格差はあるものの全国的な上昇傾向が明らかになりました。東京圏は、商業地で３・７％、住宅地で１・０％の上昇でした。

これらの統計数値と比較すると、マンション用地の取得額には大きな差異があります。地域相場の20％も30％も高い土地取引の実態を一般の人はほとんど知りません。

マンション用地は、ある程度まとまった大きさが必要であり、かつ交通の便が良いことや環境が良いことなど、マンション建設にふさわしい条件を具備している必要があります。ところが、そのような土地は売り物として常に出回るわけではありません。

工場や倉庫、社宅、ガソリンスタンド、運動場などが企業のリストラの一環や移転、廃業といった事情で売り出されると、マンションメーカーはこぞって入札に参加します。そして、一番札を入れた企業に高値で売却されます。

	住宅地	商業地	全用途
全国平均	0.3% (0.022)	1.9% (1.4)	0.7% (0.4)
三大都市圏	0.7 (0.5)	3.9 (3.3)	1.5 (1.1)
東京圏	1.0 (0.7)	3.7 (3.1)	1.7 (1.3)
大阪圏	0.1 (0.039)	4.7 (4.1)	1.1 (0.9)
名古屋圏	0.8 (0.6)	3.3 (2.5)	1.4 (1.1)
地方圏	▲0.1 (▲0.4)	0.5 (▲0.1)	0.041 (▲0.3)
中核4市	3.3 (2.8)	7.9 (6.9)	4.6 (3.9)

（注）前年比、カッコ内は前年、▲は下落、中核 4 市は札幌、仙台、広島、福岡

2018年の公示地価の変動率

マンション市況が良いときは、マンションメーカー各社は土地取得に積極的になります。高い札を入れてでも優良な土地は何とかして確保しようと前向きになります。その結果、新聞発表の地価上昇率３％などとは大きく隔たりのある高値取引が成立してしまうのです。

２０１６年以降、新築マンションの販売は伸び悩んでいるので、今後は少し様子が変わってくるかもしれません。しかし、業界が一斉に土地取得を手控える状況に転じる様子はまだ見られません。

土地代はなぜ上がってしまったのでしょうか?

土地の値段は、その土地を使って何かしたいという需要が多ければ自然に上がるも

のです。オフィスビルを建てたい、ホテルを建てたい、店舗を建てたい、住宅を建てたいといった需要があればあるほど、高くなります。

毎年、様々な地価調査で新聞紙上に出て来る銀座や東京駅近辺の土地は、信じられないほど高いですが、東京の人は驚くこともありません。

傍観者は、はがき1枚の面積が50万円とか60万円と聞いて、そんな価格で買って採算が取れるのかと不思議に思ったりしますが、「元は取れる」と買い手は判断しているのです。

東京オリンピックの関係で、外国人が大量に日本を訪れるだろう。ならば、ホテル需要が増えるに違いない。高級ホテルなら、高い土地でも採算は取れる。そう考えて、ホテル向きの都心の土地に需要が殺到しました。

インターネットを用いて物を買う、いわゆるネット通販が主流になって、急速に物流センターがたくさん必要になりました。不動産デベロッパーや流通業界、通販業者が倉庫や配送の拠点を探したり、新築したりします。そのための土地需要が増えて来ました。

世界的な金余りが、外国人投資家（ファンドなど）が国際的な比較で安いとされる東京の不動産に目をつけ、オフィスビルを買いあさる。結果として地価が上昇するということもあります。

東京オリンピックの誘致に成功してホテル不足が叫ばれるようになりました。訪日観光客の増加もうなぎ上りで、ホテルの数が足りないと試算された結果、新たな建設も必要になりました。これが土地需要を増やしています。

昨今、マンション購入者の過半を占める共働きの家庭は、便利な都心・準都心に住むことを望んでいる。ダブルインカムだから、少しくらい高くても、また多少狭くても通勤の便が良い場所で買いたがる。郊外マンションより都心のマンションを開発すべきである。

こう考えて、都心の土地をマンション業者同士で奪い合い、結果的に都心の地価は上がったのです。

都心だけではありません。マンション用地の不足から、条件の良い土地は引く手あまたとなり、高くなりがちです。

新築マンションの供給戸数は半分に減った

年間の新築マンション需要は、首都圏全体で５万戸くらいはあると見られますが、発売戸数は２００８年以降の９年間に限ると４万３０００戸程度しかありません。

遡って、２０００年以降２００７年までの８年間を見ると、平均８万２７０６戸でした。

どうしてこんなに減ってしまったのか、その要因は先に述べた通り、適地不足にあります。

首都圏全体の供給戸数は、最近３年間に限ると、２０１５年：４万４４９戸、２０１６年：３万５７７２戸、２０１７年：３万５８９８戸と推移しています。３年間の平均は、３万７３７３戸ですが、この戸数は需要に見合っているのでしょうか。

その答えは微妙というほかありません。需要は減ったり増えたりするからです。価格が上がり過ぎれば需要は後退したり、中古マンションに流れたりするのです。

平たく言えば、しばらく様子を見ようと考える人が増えて水面下に消えてしまいます。しか

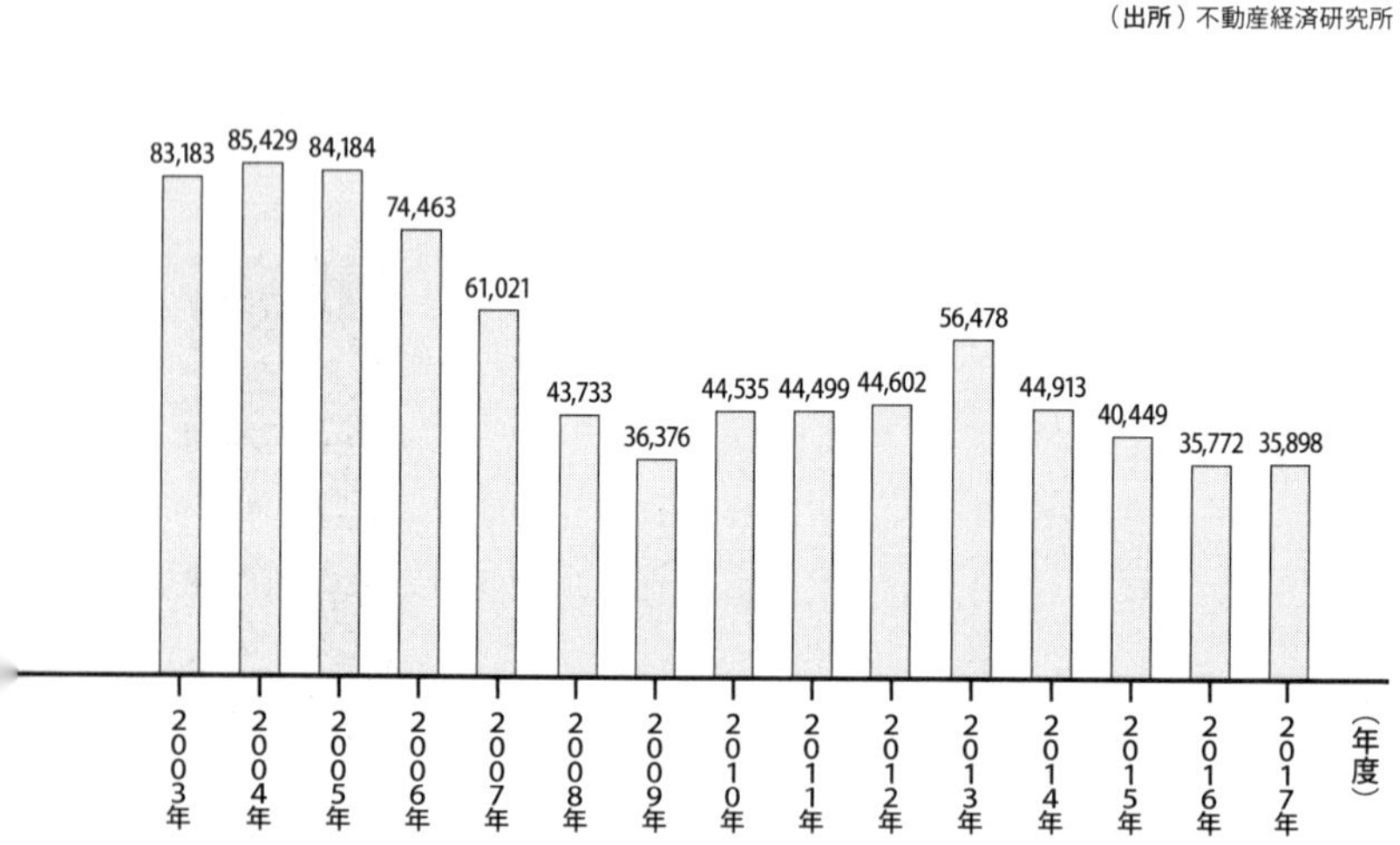

し、永遠になくなるわけではなく、潜在需要として姿を一時隠すだけのことです。

首都圏全体の人口が減ったわけでも、住宅を必要とする世帯数が減ったわけでもありません。

住宅購入の適齢期とされる30代半ばの世帯が少子化のせいで減ったかもしれません。団塊2世と言われる40歳前後の年代よりは減っているのは確かです。

しかし、代わりに幅広い世代で需要が増えています。単身者需要も晩婚化などから40代後半の年代で伸びています。シニア層が遠くの一戸建てから便利な駅前マンションに移住しようとしていたりします。

こうした需要の合計数は、首都圏全体で少なくとも4万5000世帯はあると考え

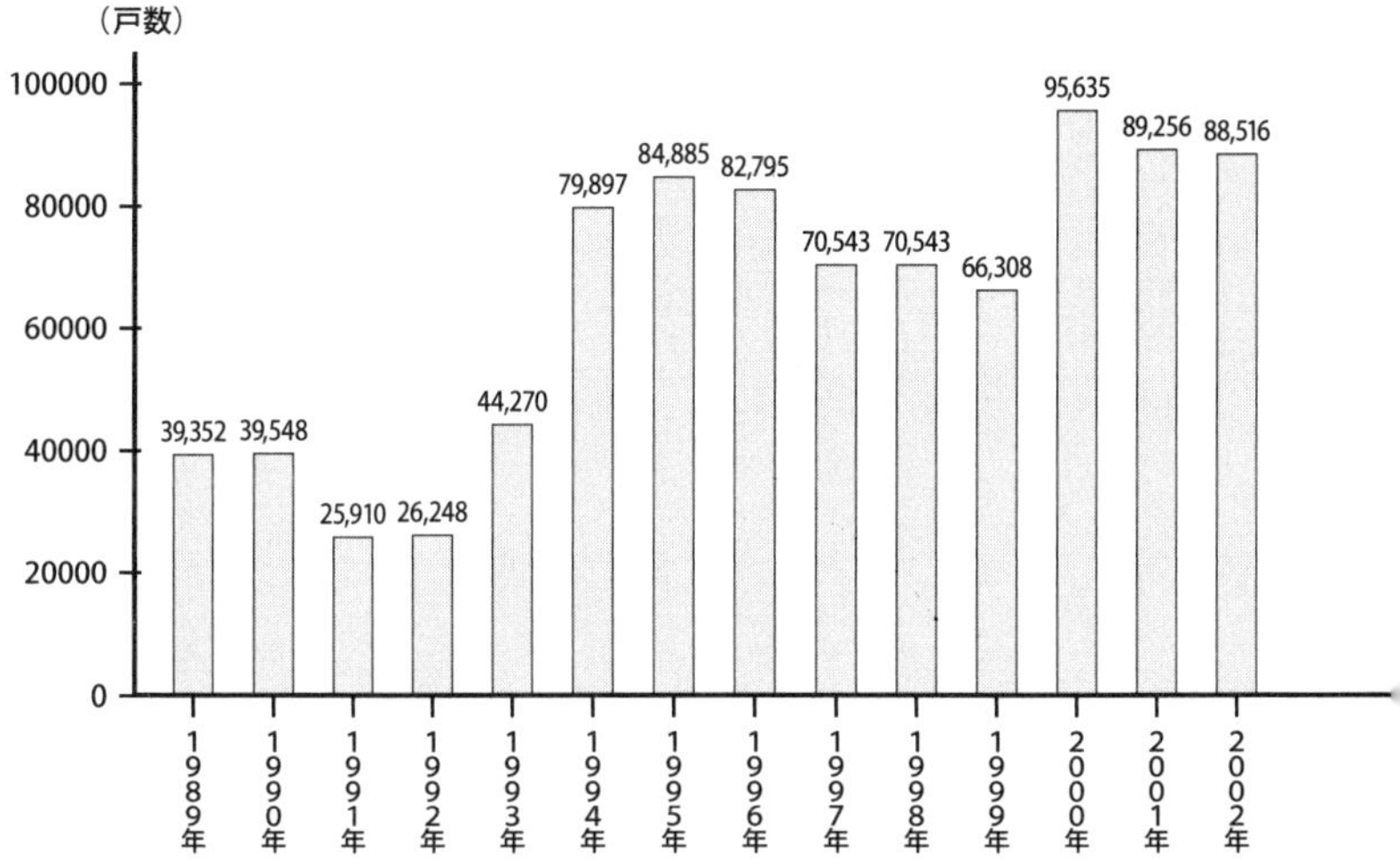

新築マンションの供給戸数推移（首都圏）

ています。とすると、3万7000戸の供給戸数では足りないということになります。

毎年あらたにマンション需要は発生しますが、数には限度があります。結婚や子供の誕生、あるいは進学などを機にマンション購入を考える家庭は、人口（世帯数）に対し、毎年一定割合で発生して来ます。これが需要ボリュームというものです。

社宅が会社の都合で取り壊しと決まったので、それを機に賃貸ではなく分譲を買おうと考える人もいたり、地方都市から東京に転勤が決まったので通勤圏でマンション購入を考える人も現れたりします。

年間の需要ボリュームは、新築マンションに限ると世帯数の高々0・5%くらいです。首都圏1300万世帯の合計では4万戸から6万戸のボリュームですが、そのうち、都心、準都心、郊外と区分すると、郊外へ行けば行くほど少なくなります。

価格が上がれば購買力との乖離が起こり、強気なマンション業者も困り果てるでしょう。しかし、買えない人が増えても、他に買える人が十分残っていると確信できれば、マンション業者は痛く痒くもありません。

ともあれ、新築マンションの需給バランスはすっかり狂ってしまったようです。欲しい人の数だけの供給がないという数のバランスのことです。

嫁1人に婿5人のような状態になっていると言えばお分かりいただけるでしょうか?

1：5ほど極端ではないものの、需給ギャップは大きいのです。

つまり年平均4万5000戸の需要として、3万7000戸の供給ということは、毎年8000戸の供給不足が続いていることになります。

10年以前、2000年以降2007年までの8年間を見ると、平均8万2706戸でした。8年間にわたり、毎年8万戸もの供給ができた裏には、言うまでもなく需要があったからです。

そのころの団塊世代は50歳以上なので、これを除外するとして、団塊2世は20代後半から30代半ばに差し掛かっていたので、大きなボリュームになりつつあったのですが、それだけでは

8万戸もの需要の説明がつきません。

毎年8万戸の供給を支えたのは何であったかを解明するには、1980年代後半まで遡ってみなければなりません。

数字は割愛しますが、バブル経済が華やかだった頃、マンション用地は「土地ころがし」の流行によって狂騰し、真面目なマンション業者がマンション適地を取得することは不可能になりました。

売り地に採算の合うものはなく、供給はしたくてもできなかった時代が長く続いたのです。

1991年の供給戸数などは、年間2万5000戸（123ページのグラフ）でした。

バブル期は、高値でも買わないと一生マイホームは持てなくなるという強迫観念にとらわれた人たちが買い急いだのですが、やがて限界を超えました。というのも、群馬県高崎市や静岡県三島市、栃木県宇都宮市などに行かなければ手の届くマンションはなくなっていたからです。

こうなると、デベロッパーも開発を諦めるほかなくなり、通勤圏内の新築マンションは大きく減少しました。

中古マンションも、「投機的行動」の対象となり、とても一般需要家が買える代物ではなくなってしまったのです。

こうしてマイホーム難民が大量発生しました。これが、価格の低下とともに顕在化し、先に紹介した1994年以降の大量供給の受け皿となったわけです。つまり、マイホーム取得を中断していた需要が2000年から2007年までの8年分も蓄積されていたことに新規需要が加算されて需給のバランスが取れたのです。

やがて念願を果たした人たちが一巡すると、需要は平時に戻り、年間5万戸になりました。ところが、この項の冒頭で述べたように最近数年の供給戸数は4万戸に減ってしまいました。潜在需要はあっても、価格高騰によって購入を断念した人もあるのでしょう。5万戸はあるはずの需要が、一時的に減少・後退したのです。

供給余力はあります。なぜなら、売り出しても店ざらしになることを恐れる売り手は、売れそうな数しか発売しないからです。

ご存知の読者も多いと思いますが、1期、2期と分割して販売するマンション業者は、売れ行きを見ながら売り出し戸数を調整します。100戸のマンションは言うまでもなく一斉に工事を進めて行きますが、店頭に並べるのは30戸だけだったりします。70戸の供給余力はあるのです。70戸は、いわば隠し在庫です。

しかし、70戸の隠し在庫がいずれ供給されるとしても、販売の遅れが第二の商品の製造着手、すなわち着工をためらわせることでしょうし、第三の商品製造のための土地仕入れにもストップがかかります。

こうして供給数は細ります。供給が減るのは価格の高騰に原因があるのです。2016年、2017年は供給戸数が3万5000戸台になってしまいました。2018年上半期も1万5504戸と低調です。このままでは2018年は前年に届くかどうか疑問です。

THE APARTMENT DICTIONARY

価格と購買力のミスマッチは起きない？

ところで、価格が上がれば売れなくなって価格は安くなるのではないか、そう考えるのは自然ですが、実際はそうなっていないのです。

「初月契約率」という統計データがあります。これは、長く新築マンションの販売状況を継続調査している不動産経済研究所が毎月発表しているもので、新規発売したマンションが発売当月（初月）の月末までに何％売れたかというデータです。

このデータは市場の好不調を示すものとされ、70％が分かれ目と言われています。

このデータが過去6年の中で70％を割り込み始めたのは、２０１６年1月で58・6％でした。年間の平均でも60％台となり、２０１７年、２０１８年もほとんど毎月60％台と低調です。しかし、価格はなかなか下がりません。

マンションの購入者、言い換えると市場規模はどのくらいあるのでしょうか。もう一度見ましょう。新築だけに限ると、首都圏の場合は、年間4万人か5万人（世帯）しかありません。5万世帯としても、首都圏の全世帯1300万に対してわずか0・37％に過ぎません。

新築マンションの供給戸数はひところの半分に減りましたから、高くなって全体需要が減っても金持ち需要の数とバランスしていれば、市況は表面的には悪化しません。上記のように販売スピードは鈍っていますが、極端なマンション不況に陥らず、業界の命脈が保たれている要因は、供給戸数が減ったことにあるのです。

金持ち需要という言葉を使いましたが、この中には一般サラリーマンが多数含まれます。会社経営者や医師などの富裕層以外に資金力のある会社員が増えているからです。

ともに正規雇用の共稼ぎ世帯が増え、その世帯年収は驚くほど高いのです。筆者も多数そのような世帯、いわゆる「パワーカップル」にお会いし、その年収と勤務先をお聞きする機会がありますが、本当にびっくりします。

ある人は奥さんの給与に一切手を付けず5年間で貯めたという頭金が2000万円ということでした。年収は二人で1200万円と言うのです。別のカップルは夫1200万円、妻700万円、また夫800万円、妻1000万円というカップルもありました。

一人当たりの賃金がもう20年近く上がっていないといった統計がよく登場しますが、世帯年収については伸びているという実感が筆者にはあります。その研究をしているシンクタンクのニッセイ基礎研究所のデータでも明らかです。全体の数％に過ぎないので、平均を押し上げるまでのレベルではありませんが、1％の世帯だけでも高収入の家庭があればマンション販売には大きな助けになるのです。

新築マンションの年間契約戸数は最近5年、23区に限ると約1万5000戸です。23区のマンションを買う人の住所が全て23区内とは限りませんが、大半は23区に住んでいます。1万5000戸の契約者、すなわち1万5000世帯は23区の世帯数（約500万）に対して0・3％に過ぎないのです。

持ち家の人が買い替える場合もあり、賃貸から初めてマンションを買う場合もありますから、それらをまとめて0・3％の世帯の購買力が供給されるマンションの価格に届けばビジネスとしては十分です。

契約率が大きく低下しそうで低下しない状況が続いているのは、このわずか0・3％の世帯が高値に手が届く購買力を備えているためと考えられるのです。

もちろん、頭金がたくさんある、世帯年収が高いというだけでなく、2016年2月に実施された日銀のマイナス金利政策のおかげで住宅ローン金利が一段と低下したこと、これが購買力を押し上げている要因のひとつです。

ここまでを整理すると、「供給数は絞られ価格の低下も期待できない」状況が続くことになるのです。この先、いったいどうなるのでしょうか？　安くなって、購買力とのミスマッチ状態がない物件が、潜在需要に見合うだけ供給される可能性はあるでしょうか？

優良な土地、マンション適地がそもそも少なくなってしまったこと、少ない適地を競い合うために用地費が高くなってしまうこと、さらには建築費の高騰が重なっていることがマンション価格高騰の最大の原因です。価格が適正なレベルに戻らなければ、需要は回復しないでしょう。需要が回復しなければ供給も増えないはずです。

こうしたことを考えると、当面の間適正な価格に戻ることはない、少なくとも「期待薄」です。建築費が落ち着いて来る、もしくは下がることは期待できても、地価も下がらないといけません。どちらも大幅な下げを見せることにはならないと見ています。

THE APARTMENT DICTIONARY

共働きパワーと市場ボリュームの関係

価格が上がった昨今、そのために購買力が追い付かず、2016年初頭から新築マンションの販売は低調が続いています。しかし、全般的な傾向とは別に、好調なものも散見されます。販売好調な物件、話題になった物件は都心に多く、価格は単純な比較で言えば安くありません。周辺マンションより高いのが普通です。然るに、人気を集めるのは「立地が良い」とか「建物計画が素晴らしい」、「大手の売主、大手ゼネコンの施工による安心感」などがあって、詰まるところ値打ちの割には安いということを意味します。

とはいえ、安くないマンションがなぜ売れるのでしょうか?

価格が上がっても、もともと予算に余裕のある買い手も多いからと考えられます。たとえば、東京都心は専有面積1坪当たりの単価で言えば、ほぼ@400万円を超えることになってしまい、70㎡なら8000万円~9000万円と、当たり前のように高値になります。それでも普通のサラリーマン世帯が届いてしまう状況にあるのです。

「普通」と敢えて言い切ったのは、「パワーカップル」という名のダブルインカム世帯がマンション需要として近年台頭しているからです。

筆者が面談したご相談者の90％は、実はこの「パワーカップル」です。

パワーカップル世帯の年収が高いこと、日銀のマイナス金利政策に加え金融機関の金利競争によって0・5％を切るような住宅ローン金利を生み出したことが購買力を伸ばしたのです。その結果、1億円を少し超えるマンションを買えてしまうパワーカップルも随分増えています。

全般的に見れば、横ばいになりつつあるものの、「価格は2018年も前年比で3％前後の上昇の見込み」の中、1億円前後の住戸が医師や会社経営者などの特別な階層でなく、一般サラリーマンによって買われて行くという事実に驚く人も少なくないのではないでしょうか？買い手自身が一番驚いているのかもしれません。

新築の供給は大幅に減っていますし、東京23区の平均価格が2017年で7531万円になったので、1億円以上の住戸の数は、8000万~9000万円の住戸に比べれば少ないのです。しかし、筆者に届く「マンション評価」のご依頼の中には、バラつきはあるものの、億ションン（1億円以上のマンション）検討者が毎月5人以上、10％以上も見られるようになっています。

ニッセイ基礎研究所によれば、夫婦ともに年収700万円超の「パワーカップル」は共働き世帯の2％弱ですが、近年、じわり増加傾向にあるそうです。なお、妻が高年収であるほど夫も高年収であること、また、近年、夫が高年収の世帯でも妻が働く「共働き世帯」が増えているそうです。

夫が高年収世帯でも働く妻が増えている背景には、女性の社会進出や近年の「女性の活躍促進」政策の効果が挙げられると分析しています。（久我尚子氏「求められる20～40代の経済基盤の安定化―経済格差と家族形成格差の固定化を防ぎ、消費活性化を促す」、ニッセイ基礎研究所、基礎研レポート2017／5／17より）

マンション市場は、新築だけで見ると、東京23区だけなら年間1万6000戸（2017年実績）しかありません。東京都の世帯数は区部だけで約510万（住民基本台帳2018年7月）です。この中に世帯所得1000万円以上の家庭はどのくらいかというと、厚生省の「所得金額階級別にみた世帯数分布」から推計すると約12％、60万世帯もあるのです。

この中には、既に持ち家で新たな購入動機のない人も多いはずですが、年間1万6000戸を販売するためには、年収1000万円以上の60万世帯の2・7％、全世帯510万に対しては0・3％の世帯をターゲットにすればいいのです。

いずれにせよ、パワーカップルの台頭が都心・準都心の高額マンションを販売可能ならしめているのは間違いないようです。つまり、高い都心マンション、実はあなたも手が届くのかもしれません。

第4章のまとめ

＊首都圏マンションの売れ行きは、バブル後は緩やかな右肩上がり。
＊新築マンションでは「メーカー希望小売価格」を破壊する仕組みはない。
＊市況が良いと土地取得費・建築費が上がり、新築価格も高騰する。
＊高いマンションを買えない人が増え、年８０００戸の供給不足が続く。
＊価格の低下を期待できないので、都心は共働き世帯しか買えない。
＊億ションを買えるパワーカップルが増えている。

第5章

中古マンション価格の成り立ちと変動要因

THE APARTMENT DICTIONARY
CHAPTER 5

THE APARTMENT DICTIONARY

中古マンションはなぜ、意外に高いのか？

新築に良いものがなく中古も探したのですが、中古も意外に高いと感じています。今は新築に戻って物色中です。どうして中古は高いのですか？　この章では、こんな疑問にお答えします。

中古はよく分からない

「中古マンションの候補を絞りました。しかし、このマンションにはどんな瑕疵があるのか、逆に秘められた価値がその物件にあるのか、正直素人の私には分かりません。さらに、10年、20年の見極めがしにくいです。このような疑問についてご教示いただきたい」。このようなメールがよく届きます。

確かに、中古マンションは、新築マンションほどの販売資料が整備されていませんし、取引は「現状有姿（見たまま）」で行われますが、それだけで決めろというのは乱暴な話です。詳細は後述しますが、流通（仲介）業界に問題があるのかもしれません。買い手の方から要求しなければ、必要なデータが出て来ないからです。

新築なら何十ページにもわたる販売資料が用意されるのに、中古はそれがないのです。買い手は何をもって検討すればいいのでしょうか？

中古は探しにくい

中古物件は物件数が常時4万戸も市場に流通しているのに、お目当ての物件に辿り着かないという実態があります。

新築マンションは2017年の場合で年間に3万5000戸余（2017年。首都圏全体）発売されました。月平均3000戸弱となります。これに対し、中古マンションの年間売り出し件数は東日本不動産流通機構（REINS）によれば2017年は約18万戸もありました。

直近のデータ（2018年6月の新規登録戸数＝売り出し戸数と同義）では1万7000戸の売り出し（新築の6倍弱）、成約戸数3140戸、在庫件数は4万5000戸でした。

年間の売り出し件数で、中古は新築の5倍強にもなっていることが分かります。数だけなら中古マンションは選択肢が新築より広いのです。もちろん玉石混淆なので、「よりどりみどり」ということではありませんが、築年数を割り切れば必ず見つかるはずです。

しかし、年間の成約戸数は新築より多いものの、大きな差があるわけでもありません。（2017年の新築の契約戸数は3万3510戸、中古は3万7329戸）

買い手から見ると、中古マンションは買いにくい・選びにくいという問題点があるようです。

中古マンションには不透明な点・不安に感じる点が多々あり、それに対し仲介業者が新築ほど事前の準備をしていないケースが多いので、決断に至るまでは手間も時間もかかると思っておく必要があります。

ここで中古が買いにくい理由を挙げておきましょう。理由は5つに集約できます。

理由①　室内の見た目が悪い

中古マンションの多くが、壁が黄ばみ、浴槽は「湯あか」がついている、ガスコンロは油まみれになっていたりします。こうした光景を目にすれば、見学者の購買意欲が高まることはないでしょう。

理由② 外観や共用部分が古ぼけていたり汚れていたりする

レトロ好きな人もあるのでしょうが、日本人の多くは古い物より新しい物を好む傾向があります。新しいものは良いものという先入観もあるのでしょうか、一目で古いと分かると、購買意欲はがたんと落ちるのです。

室内の見学前に必ず目にするのが外観であり、エントランスやロビー、エレベーター、共用廊下です。定期的に清掃や修繕を実施していても、決して新築のようには見えません。

理由③ 設備が古い・ないものも多い

ディスポーザーは新築でも付かないものは少なくないですが、食器洗浄乾燥機は大半が装備されています。中古はこれがないものも多いのが実態です。ビルトイン浄水器なども中古マンションでは少ないのです。

浴槽のまたぎは、新築マンションなら450mm以下が定番ですが、中古マンションは600mmタイプが多いことに加えて、浴室内のデザインも「お洒落感」はかなり劣ります。

テレビモニター付きのインターホンが100%普及したマンションですが、モニターの画像がカラーか白黒かというと、築25年以上では白黒が多いのです。

理由④　バリアフリーになっていないものが多い

1階の玄関ホールから住戸前までバリアフリーになっているだけでなく、室内も大きな段差がないのが最近のマンションですが、古いマンションでは共用部も室内も段差が解消されていないものが多いので、これにも抵抗感を覚えてしまいそうです。

理由⑤　建物に対する不安が拭えない

中古マンションが買いにくい最大の理由はここにありそうです。先に挙げた4つの理由はむしろ付け足しと言ってもよいほどです。不安を具体的に言うと、次のようなものと考えられます。

⑴耐震性の不安

幾多の地震経験から新しいマンションは対策がしっかりなされているが、古いマンションは十分ではないという漠然とした不安と言えましょう。

⑵耐久性の不安

築20年以上の古いものを検討する人が主に抱く部分です。あと何年ここに住めるのだろうかというものです。

(3)瑕疵がないかという不安

瑕疵は「隠れたキズ」というほどの意味ですが、まさか欠陥マンションということはないだろうかという疑問と言い換えてもよい部分です。

最近は大手仲介業者が売主に代わってガスコンロや湯沸かし器といった設備の瑕疵担保保証というサービスを導入していますが、重要なのは目に見えない構造的な部分の瑕疵に関するものです。入居後しばらく経って（たとえば数年先に）発覚したとき、どうなるのかという不安です。

新築マンションは10年間の保証を付けることが法律によって担保されています。中古マンションにはそれがないのです。大抵は個人の売主から購入する中古マンションですから、瑕疵担保は免責になっていて、万一のことがあっても責任を追及する先はないのです。

(4)遮音性の不安

これは新築マンションでも同じですが、古いものは最近のものより遮音性が低いという先入観が働くための不安と考えられます。

買い手の不安を解消してくれる営業マンが少ないという問題もあります。

買い手の建物に対する不安は、営業マンの的確な説明によって相当部分が解消されるものですが、新築マンションほどの資料がそろっていないためもあって、説明不足になってしまいがちです。一番の問題は、仲介業者の営業マンは物件に精通していないことです。営業マンに対する期待と結果との間に大きなギャップがあることが判明した調査データもあります。

新築マンションの販売現場では、あらゆる角度から買い手の不安を払拭する準備・営業努力が傾けられます。そうする理由は簡単です。営業マンの担当物件がひとつ（専任）だからです。

耐震性や耐久性などの基本構造をはじめ、建物の性能に関する説明を丁寧に行ないますし、床下や壁の内部など見えない部分については、断面模型などを使ってアピールします。

ガラスの断熱性や防音サッシの性能は、メーカーから提供された模型などを使って体感できるようにしています。免震構造の効果をアピールするために、一般の耐震構造との差を模型の揺れで実演します。

これらのデモンストレーションは、新築マンションのモデルルームを見学した経験をお持ちの読者ならお分かりいただけるはずです。全ては、買い手に「安心感」や「納得感」を与えたい意図から用意された仕掛けです。

これに対して、中古マンションは実物を目視するしかなく、建物内部がどうなっているかなどは全く分かりません。

工事中の新築マンションを買うのと違って、実際の景色や日当たり、管理状態を確かめることができるという、一面のメリットがあるのは確かですが、それだけでは安心できません。目に見えない部分は、代わりの何かをもって説明しなければならないはずです。

その部分で仲介営業マンは頼りにならないと思う方が正解でしょう。

では、中古マンションを買った人たちは、どこに安心の拠り所を求めたのでしょうか？　あるいは、どのような考え方をして決断に至ったのでしょうか？

これは個人差のあることで、また調査データのようなものも発見できず、分かりにくいテーマですが、筆者がご相談者との対話から分析した結果は第7章でご紹介しようと思います。

中古マンションを買おうかというとき、買い手には、内覧の際の観察ポイント、見えない部分の指摘事項、調査方法など、一定の予備知識が必須です。こうしたものも第6章で詳しくご紹介しようと思います。

THE APARTMENT DICTIONARY

中古マンションの価格は誰が決めるの？

新築住宅の価格は土地代、建築費、諸経費・利益から成り立っているのに対し、中古住宅は少し事情が違います。【周辺の市場動向】＋【物件個別の条件】＋【売主の事情】＝中古価格と考えられます。

市場の動向と物件固有の条件が価格に反映されるのですが、そのほかに「売主の事情」があります。取引の実情を見ると、価格が高過ぎるケース、急いでいるために安く売り出されるケースがあります。また、値引き交渉が比較的たやすい売主、反対に強気の交渉が難しい売主があります。新築住宅は定価販売ですが、中古は売り出したあと、購入希望者との交渉で最終的な価格が決まるのが実態です。

さて、中古マンションの売り出し価格は具体的に言うと、どのような方法で決められるのでしょうか？　まず、買い手探しを依頼する仲介業者（東急リバブル、三井のリハウスといった看板を掲げた駅前店舗）に「査定」をしてもらうところから始まります。

査定とは、今いくらくらいで売れそうかという調査のことです。不動産業者は、同じマンションか、同じマンションにない場合は近隣の類似物件の成約事例を探し、それとの比較を「不動産流通査定マニュアル」に従って、階や向き、角部屋か中部屋か、駅からの距離、管理状態などの細かな項目ごとに行います。ここから導かれた「査定価格」を所有者に提示します。

査定価格を見た売主は「あと500万円高く売れないかね」と業者に投げかけます。業者は「媒介契約」というカタチの売り依頼を獲得したいので、「分かりました。それで売り出してみましょう」と答えます。

こうして、まずは売主希望の価格が誕生し、WEBサイトなどで宣伝活動が始まるのです。

強気の価格誕生の裏話（二重価格の提示）

査定価格を出しても、売主の多くが上乗せを要望するので、仲介業者は、「査定価格」のほかに「チャレンジ価格」と称して二つの価格を提示するのが普通になっています。

チャレンジ価格は、査定価格を上回るものなので、依頼者（オーナー）を喜ばせます。

最近は、それすらも気に入らないオーナーがあるそうで、「あと○○万円高く売れないかなあ」などと希望するようです。

買主さんから指値が入るので5％くらいは乗せて売り出すのが普通ですが、最近では10％は驚くほどのことでなく、「15％くらい高いチャレンジ価格」の例も散見されます。

仲介業者は、媒介契約を取りたいので、チャレンジ価格を提示して売主を喜ばせる一方、伏線として「査定価格」も提示しておけば、売れないときは下げてもらえるわけです。本来、安く売り出す方が買い手を探しやすいので、仲介業者は売主に価格を下げるように誘導したがるものですが、最初からそれを狙うと依頼（媒介契約）が取れません。

そこで、査定価格とチャレンジ価格という「二重価格提示法」を編み出し、これが業界に定着したのです。顧客（売り依頼客）獲得作戦の行き過ぎからの産物というべきでしょう。

実際は高過ぎて売れず、一度ならず二度、三度と値下げしてやっと買い手が決まることが多いのですが、運よく高値で買い手が決まって売主を喜ばせるということがあるのも事実です。15％も高値で売り出したような場合、5％でも値引きしてくれれば買い手は大喜びし、売り手は査定より10％高く売れてほくそ笑むというのが実態としてあるのです。

筆者は、このような売主を「相場上昇トレンドに悪乗りしている売主」と評しています。仲介業者にも責任があるとはいえ、売主さんの強気が相場の上昇に拍車をかけていると思わずにはいられません。

株式市場も同じですが、「買うから上がる。上がるから買う」という循環が上昇相場を作り上げるものです。これが加速するとバブルになるのです。現状の上昇カーブが年率5％アップ程度なら、不動産バブルの懸念はないかもしれませんが、優良物件・人気物件になると、高値取引が成立しやすく、結果的に局所（ミニ）バブルのような現象を招いているのは確かです。

中古相場は、仲介業者なら誰でも簡単に調査できますから、「高くないですか？ 最近の成約事例を出してください」と依頼すればいいのです。方角、階数、角部屋か否かといった住戸格差を考慮しながら納得できる価格かどうかを判断すればいいわけです。売主は少しでも高く売りたいと考え、買い手は少しでも安く買いたいと考えるわけで、利害は対立します。相場がどうであれ、安く買いたい買い手は、黙って言い値を呑むことは避けたいはずです。

しかし、過去の成約事例を指標にして「高い・安い」を論じることに意味はありません。あくまで参考価格に過ぎないのです。理論で迫ろうと試みても、「嫌なら買ってもらわなくて結構」と言われるのが落ちです。

中古マンションの価格は新築に連動する

中古価格は査定によって売り出し価格の目安が提示され、最終的には売主と買主の交渉によ

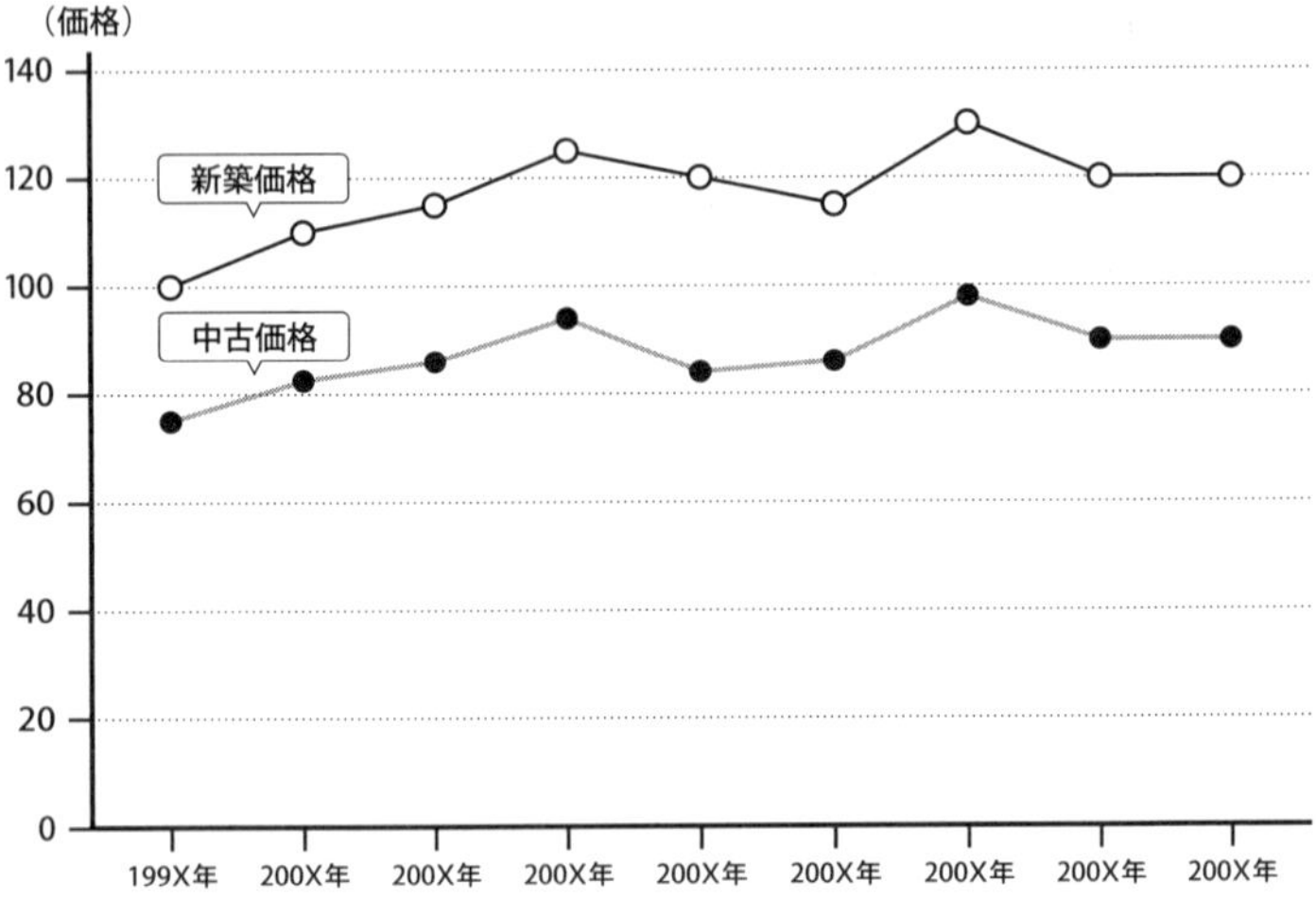

中古価格と新築価格の相関関係（概念図）

って成約価格が決まると言いましたが、査定価格は過去の取引事例を参考にして算定される「取引事例比較法」を採用しています。

しかし、売主が強気に売り出したところ、値引きもなく、あってもわずかな金額で成約になってしまうことがあります。そうなってしまう要因は当該マンションの人気の高さにあるのですが、背景には「市場の動向」があるのです。

市場の動向とは、まず需給関係が挙げられます。

新築の供給が少なければ、中古が取引の中心になり、上質な中古物件は新築並みの価格になるものです。人気の高い街や駅周辺では、新築の供給が何年も途絶えていたりすると、過去の新築相場を超えてしまう高値の中古マンションが生まれます。また、ある面積帯の物件が稀少という場合、その面積帯だけが高い価格をつけることもあります。

新築マンションが豊富に供給されている地域では、特定の人気物件以外、中古人気は盛り上がらず、価格は弱含みとなりますが、新築マンションが途絶えると、その地域で買いたい人は中古を検討するしかなくなります。こうして、タイミングによって需給バランスが変わり、高値になったり安値に戻ったりするのです。

都心の高額マンションや、郊外でも人気の駅・街では、中古マンションが新築並みの高値で取引されたりしますが、条件の悪い立地・不人気の街の場合は、築後20年も経過すると、その時点の新築相場に対し半値以下（購入価格の半値ということではありません）になってしまったりします。

中古マンションの価格を決めるもうひとつのメカニズムは「新築価格の動向」にあります。中古マンションの価格は、新築価格に連動するのです。新築が上昇中のときは、割安な中古に需要が向かいます。その結果、やがて中古も値が上がるのです。新築相場が低下すると、中古相場も低下するという関係ができています。（右図参照）

THE APARTMENT DICTIONARY

資産価値を左右する「街・駅の人気度」

中古マンションの価格を左右する要素について説明して来ましたが、土台として価格の高いマンションは買いたい人が多い「人気の街」にあるものです。不人気の街で人気があるマンションは限られており、その価格は、地元では高い方であっても、人気のある街のマンションには遠く及ばないのです。

各種調査機関が毎年発表している「住みたい街ランキング」の上位に位置する外周部の街の共通点は、駅を中心に買い物や飲食、散策、エンターテインメントなどの各種施設が豊富に揃っていることが特徴です。

具体的には「恵比寿」や「目黒」、「吉祥寺」、「三鷹」、「自由が丘」、「中野」、「二子玉川」といった街が該当します。神奈川県では、「武蔵小杉」や「横浜」、「川崎」、「たまプラーザ」、「藤沢」といった駅も高い人気を誇ります。

埼玉県なら「浦和」、「大宮」、千葉県では「柏」、「津田沼」などが人気の駅の上位にランクされています。

人気のある街は「賑わいのある街」です。賑わいはどのようにして生まれるのでしょうか？　賑わいは人が集まり、店が流行っている、時間帯によっては並んで待つ店もある。近隣の人だけでなく観光客のようなグループも歩いているし、デートしているらしいカップルの姿も見える。週末だけでなく、平日も人が動いている。

シャッター通りはない。学生さんも中年の家族も、またシニア層も、それこそ老若男女でいっぱい。このような街は、働く場所と住む場所が混在している街、大学もある街です。昔は、住む街と働く街は区分されていましたが、最近は様変わりしたのです。

住むだけの街は、平日の昼はひっそりとして賑わいからは遠いですが、昼間も人が多い街は飲食店も採算が合うので連鎖的に新規出店が増え、ますます「賑わう」街となります。

マンションに限りませんが、モノの値段は需要と供給の関係で決まります。人気のある街は、それだけ土地に対する需要が多く、対する供給（売り地）が少ないため、地価が高くなります。

マンション開発に限定すると、ある程度まとまった大きさの土地が必要になることもあって、人気の街では容易に取得することができません。

たまにあっても、マンション開発には条件が良いとは言えないものが多いのです。たとえば、駅に近いが線路沿いの土地、ビルとビルの間に挟まれた狭小な土地、駅から15分も歩く土地などです。いずれもネックになる要素の大きい土地で、デベロッパーは創意工夫するものの、限界は超えられず、優良物件にはなりにくいものです。

狭小敷地では小規模マンションしか造ることができないので、建物としての風格や存在感が薄く、管理費が高くなるため管理人のいない「巡回管理方式」にするほかありません。既存ビルに囲まれた敷地では、日当たりが悪いだけでなく、プライバシーにネックがあったり、窓先に一定の距離がないために部屋として認められず「納戸・サービスルーム」の表示しかできなかったりと、欠点だらけのマンションになってしまうのです。

人気のある街の大きな土地は希少価値が高く、争奪戦が激しく結果的に高い値が付きます。繰り返しますが、人気のある街には、マンション開発に向く土地がないので新規に売り出されることは滅多にないものです。あっても、上述のような問題物件になりがちです。

潜在需要は豊富にあっても、肝腎の新規供給がないので、勢い需要は中古マンションに向かいます。ところが、人気の駅には中古の売り物さえありません。出ているものは、問題マンションばかりです。人気の駅でネックの少ない物件は、手放す人も少ないからです。たまに売り出す人があると、買い手はたちまち決まってしまうので、価格も強含みとなります。

THE APARTMENT DICTIONARY

中古価格を左右する立地以外の要因

マンションの価格は、新築も中古も物件格差によって大きな開きが生まれます。新築では3000万円から3億円くらいと10倍くらいですが、中古になると極端に安いものでは500万円、高いものは2億円と40倍もの開きがあります。

都心と郊外、超高級マンションと一般マンション、築後10年と築40年のマンションといったことで格差が生まれるのですが、これをもう少し具体的に説明しておきましょう。

地域（立地）格差については、利便性の高い立地、人気のある街のマンションが高いことは既に述べた通りで、言うまでもなく不人気な街は安いのですが、建物格差についてはどのような要素が影響するのでしょうか？

将来価値を決定する要素は、①立地条件（利便性と環境）、②スケール（存在感）、③外観・玄関・空間デザイン、④建物プラン（共用施設、間取り、内装や設備など）、⑤ブランド、⑥

管理体制と述べましたが、②以降を簡単に解説します。

②のスケールは、建物は大きいほど、存在感を放ち、買い手に「立派だなあ」と思わせることに役立ちます。小規模マンションは周囲の建物との比較で劣ることが多いものです。

③のデザインは、規模の大小を問わず、風格や上質感、高級感、あるいは個性的であるといった、表現によって他との差別化が明確なマンションは住み手の誇りにつながります。このようなマンションは高く評価されます。

デザインは建物価値を構成する要素のひとつとして比重も高いのです。言い換えれば、恰好いいとか上品である、格調が高い、個性的、高級感がある、優美である、壮麗である、洗練されている、重厚感があるといった形容は資産価値を押し上げます。

買い手がモノを見たとき、デザイン性が劣れば購買意欲が低下・後退し、反対に色や形を見て「素敵」と感じると購買意欲を底上げされます。前者は価格に下方圧力をかけ、後者は売り手の希望額を積み増す結果となります。

④の建物プランは、エントランスホール、ロビーの豪華さ、大型マンションではスタディルームやキッズルーム、フィットネスジムといった共用部分が付加価値として価格に影響を与えています。内装・設備の比重は大きくありません。なぜなら、中古は買い手がリフォームするからです。

⑤のブランド力については説明の必要が無いでしょう。
⑥管理体制とは、建物の劣化スピードをいかに遅くするか、そのための日常管理と修繕、改良といったものを指します。資産価値を長く維持できるマンションの条件がこれです。
清掃や整理・整頓などの日常の管理も大事ですが、それだけでは不十分で、周期的な大規模修繕を実施して行くことが必須です。ただ、その範囲が実は問題なのです。

マンションの寿命もコンクリートの質や耐久性を意識した施工方法などが「百年耐久」のマンションを次々に生んでいる昨今ですが、築20年を超えるマンションには耐久性で60年程度のものが少なくありません。どちらにしても、大規模改修によって劣化の進行は抑えることが可能です。しかしながら、見た目の美しさを保つことに関しては課題として残っています。

専門家の診断を受け、悪い所は大手術を施して新築同様にすることは可能です。弱った心臓も、機能が低下した腎臓も、血流が悪くなった血管も全て交換するような、人間では困難なことも建築では可能です。従って、部分的には60歳のマンションも10歳か20歳に若返らせることが理論上は可能です。しかし、0歳にすることは建て替えない限り不可能です。

市場に流通している中古マンションは、5歳から45歳くらいまであります。当然、新築同様に美しく最先端の設備を装備し、素のままで買い手を待つものから、古着を身にまとい、レトロな雰囲気を漂わせたものまで幅は広いのです。

その中から購入物件を選択するのは容易なことではありません。いくつもの検討物件の中から最後に選んだのが築30年を超えるといったマンションであるとき、買い手はきっと悩むに違いありません。買い手の多くは管理状態を見るはずですが、築20年くらいまでは管理による差異は、少なくとも表面的にはできにくいものです。

極端な言い方ですが、若いうちは特別な手入れをしなくても、素のままで十分に奇麗なのです。格差が表れるのは、20年を超えてからです。金属でも長年の使用によって金属疲労を起こし破損しますし、コンクリートも長い間には亀裂を生じ、鉄筋は錆びてボロボロになります。塗装はいつか剥がれ、日焼けした後の皮膚のような状態になるのです。しわのない老人はいませんし、男なら大抵髪が薄くなったり白くなったりします。それと同じです。

買ったマンションが築25年であっても、美しく、かつ大規模修繕も行われたばかりであれば、屋根も外壁も雨漏りの心配はないはずです。ほとんどのマンションが維持管理を放棄したまま25年を経たなどということはないからです。25年頃には大規模修繕（屋上の防水や壁面の補修など）も二度目として実施していることでしょう。

しかし、そのマンションを15年後に売りに出すときの姿はどうでしょうか？　築40年になっているのです。人間に例えれば壮年です。物件によっては「くたびれた」印象を放っているかもしれません。そのころには、３回目の大規模修繕が終わり、エレベーターなども新品に交換されているかもしれませんが、問題は見た目です。

管理の対象となる共用部分の手入れを適切に行って来たマンションでも、経年劣化は防げないのです。早く言えば、床や壁、天井の古さ、清掃しても取り切れない汚れが建物を醜く変えて行きます。つまり、「見映え」が悪いのです。

深いしわのある顔も年輪として美しく見えないこともないですが、そうでない人もたくさんいます。しかし、叶うことなら「外形的な若返り」を望んでいる人は多いはずです。

古くなっても、そのレトロ感を「味があっていい」とされるマンションもありますが、多くの場合、歓迎されない醜さをさらけ出しているものです。どうやったら、外形的な美観を保てるのでしょうか？

人間ではできないことがマンションなら可能です。マンションの場合は、皮膚を取り換え、髪を植え換えればいいのです。これを「美容整形」と言いましょう。

しかし、多くのマンションが「美容整形手術」をしないのです。正確には改修工事を中途半端に留めていると言うべきですが、このために経年劣化は避けられず、築30年・築40年マンションが新築のように蘇えることはありません。

管理組合の財政の問題、つまり潤沢な積立金があるかどうかでもあるのですが、美容整形に対する意識がまだ高まっていないのです。今後の課題として残ったままです。

第5章のまとめ

＊中古マンションが買いにくいのは、見た目、外観・設備の古さが理由。
＊中古価格＝【周辺の市場動向】＋【物件個別の条件】＋【売主の事情】
＊中古相場は、仲介業者に最近の成約事例を出してもらえば分かる。
＊街の賑いと駅の人気度が高いほど中古価格は下がりにくい。
＊中古の建物格差はスケール・存在観・デザイン・管理状態などだが、大規模修繕で見た目は繕える。

第6章

絶対に後悔しない中古マンションの選び方

THE APARTMENT DICTIONARY
CHAPTER 6

THE APARTMENT DICTIONARY

中古が新築より高いという怪

中古マンションも結構高いように思います。なぜ古いマンションが高くなるのでしょうか？ また、良い中古と避けた方がよい中古の見分け方を教えてくださいという声をよく聞きます。この章では、マンションの価値について掘り下げて行きます。加えて、中古マンションの探し方の実際を解説します。

中古は需要と供給の関係が強い

中古が新築より高いという印象を抱く人が最近は多いようです。どうしたわけでしょうか？ 筆者は物件評価を依頼されるたびに、一定地域内での物件比較をします。地域内の新築と中古の比較、同年代の中古同士の比較から割高とか割安とか、いくらが適正かといった結論を導きだすためです。

当然、良い点も悪い点も見つけ出しますが、その評は厳しいとか辛いとか思われるようです。それは意識していることでもあるのですが、なぜなら評価を依頼して来る段階は依頼者が購入に前のめりになっているわけで、それを後押しすることも大事ですが、気付いていない弱点、目に見えない欠点を気づかせてあげること、または冷徹な分析をしてあげることが筆者の役割と思っているからです。

第4章で述べたように、最近は新築マンションの供給がひところの半分に減ってしまったので、希望条件に当てはまる物件がなく、あちらこちらと放浪を余儀なくされ、混乱をきたしている人もあるようです。

目をつけている中古が複数あって、有名で優良な物件ばかりですが、高いと感じている人がいます。自分で調べて、新築分譲時の値段も知っていたりします。当然、値上がり幅の大きさを知ります。一方で、安いと感じた新築を見つけて検討したいというのです。それは別の場所なのに、その新築と比べて「中古は高い」という印象が刷り込まれてしまったようです。

その中古が高いのは、そのエリアに新築が全くないか、仮にあってもピンポイントの比較で立地条件が良くないために安いのです。劣化したマンションが、同立地の新築より高いわけはないのですが、「中古は高い」という思い込みにつながって行きます。

ある人は言いました。「10年も経っているのになぜこんなに高いの？　これなら新築の方がいい」と。では、その中古より安くて価値ある新築マンションはどこにあるのでしょうか？ないのです。あっても、それは、まるで立地条件が違います。よしんば、全くかけ離れたエリアでないとしても、実査してみると似て非なる場所であったりします。

同じ駅の5分圏内にあって、中古が５０００万円で新築が５５００万円という場合、手数料や税金やリフォーム代などを計算したら中古は得でないと計算できたとしても、その計算には落とし穴があることに気付かない人もあります。

一見正しそうな計算も、立地条件と物件固有の価値を織り込んで行くと、まるで違った数字に変わりますし、また、新築を超える高値というのは、需要が分厚くありながら新築の供給が途絶えて久しく、今後も当分販売予定がないというような地域だから、中古の価格は強含みになっているのです。

中古価格を動かす見えない力

中古が新築より高いというのは、特定地域（その数は少なくない）のことで、全部に当てはめて中古は高いと考えるのは正しくないのです。

しかし、何事も例外はあるものです。プロの判断を狂わせる場合があります。それは「場合」というより「時」というべきかもしれません。

「あの場所で坪単価@５００万円で分譲するって、いくら何でもそれは高過ぎるよ」とか「中古の▲▲マンション。査定の20％増しだって。売れるわけないよ」といったプロの予想が次々に外れるとき、背景には目に見えない力が働いています。

目に見えない力とは、投機的な買いを意味します。投機買いが数多く入ったときです。完成まで長い新築より勝負の早い中古の買いが活発なときは、いつの間にか類似の新築よりも高くなってしまうものです。類似の新築といっても曖昧で、勝手に自分流の物差しを持ち出して来て「安い」と信じ込み、投機にのめりこむ階層が跋扈《ばっこ》し、中古相場を引き上げてしまいます。異常な値上がり起きているときは大抵これが原因です。

中古が高いというのは大いなる幻想です。右に述べたような例外はあるものの、高い中古、それは新築より価値ある中古だということです。どちらを気に入るか、どちらが長い目で見て得か、答えは物件によって違いますし、個人差があるとも言えます。

新築が品薄の今は買いたくても買えないはずです。したがって、中古は対象外だなどと決めつけ、選択肢を狭めてしまう。その態度は正しくない。筆者はそう思います。

THE APARTMENT DICTIONARY

中古を購入するときの拠り所と買い手心理

第5章で、「中古は探しにくい・買いにくい」と述べましたが、中古マンションを買った人たちは、どこに安心の拠り所を求めたのでしょうか？　あるいは、どのような考え方をして決断に至ったのでしょうか？　これは個人差のあることで、また調査データのようなものも発見できず、分かりにくいテーマですが、筆者のご相談経験から列挙してみましょう。

①大手マンションメーカーの分譲したマンションだから大丈夫だろう
②大手ゼネコンが施工したマンションだから大丈夫だろう
③先の大地震でも特に修復が必要な箇所はなかったと説明を受けた
④内見中、室内はとても静かだった。遮音性も悪くはないのだろう
⑤清掃が行き届いており、管理状態も良さそうだ

⑥管理人さんの目が光っているし、オートロックなのでセキュリティも良さそうだ
⑦管理費等の滞納者がゼロと説明を受けた
⑧売る人が少ないというから、きっと良いマンションなのだろう
⑨建物に傾斜はないようだし、東日本大震災の揺れにも耐えた物件なのだから耐震性は大丈夫だろう

大体こんなふうに考えて自身を納得させたのだと思います。

ここで気付くことがあります。売主と施工会社が大手というくだりです。逆に言えば、大手の物件以外は不安が解消できないことになります。

ところが、気に入って買いたい欲望が強まると、マイナス思考よりプラス思考というか、楽観的というか、そのような心理状態になるようで、

⑩疑ったらキリがない。まあ大丈夫だろう
⑪住んでみて不具合があったら売ればいいさ

などと自分に言い聞かせて不安を打ち消すのです。

THE APARTMENT DICTIONARY

中古を購入するときの検討項目

中古マンションを買おうかというとき、買い手には、内覧の際の観察ポイント、見えない部分の指摘事項、調査方法など、一定の予備知識が必須です。しかし、それでも十分に納得できる回答を得られない可能性が高いのです。

2000年から始まった「住宅性能表示制度（※）」によって、建物品質に関する客観的指標が新築マンションの物件ごとに提示されるようになりました。最近は新築物件の90％くらいまで普及して来たようです。今後は、中古マンションの紹介の際に提示されることが増えて来ます。また、仲介業者が一定範囲で品質保証を行う例も出てきました。しかし、いずれも緒に着いたばかりです。

※「性能評価書」を見ることで、耐震性や耐久性、省エネ性、防犯性といった項目（全部で10項目あります）がわかります。

中古マンションを購入するときは、やはり買い手自身の目利きや知識が鍵を握りそうです。

中古マンションの購入に当たり、検討すべき項目を挙げておきます。

①築年数と耐震性……1983年以降の竣工物件かどうか＝1981年以降の建築許可物件か？

②築年数と修繕履歴……大規模修繕がいつ行われたか。その範囲は？

③分譲主・施工会社……売主か施工会社、または両方のブランド力は高いか？

④管理会社と管理体制、管理状態……管理会社の経験・実績は豊富か？　管理人の勤務日数は？　滞在時間は1日5時間以上か？　清掃は隅々まで行き届いているか？　放置自転車はないか？

⑤管理費・修繕積立金……管理費は1㎡当たり首都圏平均の@235円より高いか安いか？　高い理由・安い理由は？　修繕積立金は築年数の割に安いことはないか？

⑥建物規模と共用施設……100戸以上の規模か？　どのような共用施設があるか？　中庭や植栽スペースはたっぷり取られているか？

⑦外観・玄関等のデザインとグレード感……個性的・高級感・上質感・洗練されている・重厚感・格調高い・威風堂々・優美・壮麗などのキーワードのどれかに当てはまるか？

⑧間取り……10年住んで行ける間取り・広さがあるか？　主寝室のプライバシーは問題ないか？　家具配置はどうか？

⑨リフォーム費用……どこをリフォームすべきか？　設備機器は交換を要するか＝使用期間は何年経過しているか？

⑩交通の便……坂道はないか？　歩道付きの道か？　学校までの時間は？

⑪環境・眺望・日当たり……嫌悪施設はないか？

⑫品質保証……瑕疵担保責任はどこまでか？　仲介業者による瑕疵担保保証はあるか？

内覧のときの観察ポイントは？

以上を踏まえて、内覧時の観察ポイントをいくつか紹介しましょう。売主さんが入居中のことも多いので、観察を遠慮しがちになりますが、お願いして見せてもらいましょう。質問についても同様です。

①ひび割れの有無を目視で探してみる

長く放置しておくと雨水が入り込み鉄筋が錆びて、耐震性・耐久性ともに低下してしまうからです。外壁や廊下の天井、バルコニーの天井などに30cm以上の長いひび割れがあったら要注意です。タイルの剝離も同様です。

また、仲介業者を通じて、管理組合に修繕予定はいつかと質問をしましょう。最新の「長期修繕計画書」を出してもらうことでもいいのですが、オーナー以外には見せないというマンションも少なくありません。

この点検項目は、管理の良し悪しを見る重要なものとなります。

修繕積立金が十分でないためか、それとも管理意識が低い管理組合なのか、どちらにしても適時、適切に修繕を行ったマンションと、そうでないマンションでは、長い間に資産価値に大きく差がついてしまうからです。

②設備機器の耐久性をチェックする

ガス器具、エアコン、ディスポーザー、食器洗浄乾燥機、床暖房などは、有無を確認しつつ、何年使用しているかを尋ねましょう。入居後すぐに新品と交換しなければならないのか、まだ数年は使えそうかの判断をするためです。

③結露の有無を調べる

北側に位置する個室を見るときは、明るさと通行人の足音を聞くことに加えて、窓の周囲の壁と天井に目を凝らしましょう。

黒ずんでいたり汚れがひどかったりするようであれば、冬季に結露ができやすいことを示すものであり、原因は断熱材の施工が十分でない可能性が疑われます。そして、リフォーム費用に大きく響きます。

④床・壁・天井の表面を全体的に点検する

トイレや洗面所の床の表面材（普通はクッションフロアという材料で仕上げてある）がめくれていないかどうか、壁紙の張り合わせ部分がめくれて隙間ができていないか、変色していないか、傷や汚れがないかどうか、フローリングの表面仕上げ部分がはがれていたり、傷が目立ったりしている所がないかどうかなども。

リフォーム工事の予定に組み込むかどうかの判断に必須だからです。

THE APARTMENT DICTIONARY

必ずチェックしたい修繕履歴と修繕計画

内覧とは別のチェックポイントとして重要な点がこれです。この確認には、管理会社からの「管理に関する重要事項報告書（仲介業者が管理会社から取り寄せてくれます）」をよく読むこと。これは必須です。「管理組合議事録」の閲覧もした方が良いでしょう。

修繕履歴

「管理に関する重要事項報告書」には、いつ大規模修繕を実施したかが書かれていますが、その内容は必ずしも明確に記載されていないので、「管理組合議事録」で何をどのように行ったかをチェックしましょう。

竣工後12年目に最初の大規模修繕の必要時期がやってきます。次は24年目ですが、専門家による診断の結果、遅れても問題ないという場合もあります。しかし、修繕積立金が足りないために延期したかもしれないのです。そのあたりのことは、議事録を読み込むほかありません。

仲介業者に依頼して報告してもらうのが手間なしでいいですが、心配な人は議事録を保管してある場所（管理人室か管理会社）に出向いて閲覧するほかありません。売主さんから管理人さんに依頼してもらいましょう。

議事録を読み込むと、管理会社からの提案がなされたが実施は見送られたとか、その理由、提案を受け入れて修繕に踏み切った場合では、工事会社はどのように決めたのか、たとえば組合役員に一任したとか、決定に当たっては数社から見積もりを取って、その中から組合総会で決定したのかなどの経緯が克明に記されています。

また、修繕積立金の増額提案については、議論されたが反対決議であったとか、毎月はそのままで一時金徴収を決議したなどという記録もあるものです。ついでに、駐車場の空きが長く続き、収入が不足しているので管理費の増額を検討中といった記録も発見できるかもしれません。

国土交通省の調査によると、古いマンションでは「長期修繕計画」を立案していないものが30％近くあるのだそうです。長期計画がないということは、行き当たりばったりで修繕を行って来たこと、今後もその方向にあることを示唆しています。

そのようなマンションは、資産価値の劣化が早く進んでしまう懸念があるのです。

長期修繕計画書がある物件なら、それを是非とも確認しましょう。その中には必ず「収支対比表」があるはずです。年次ごとに必要となる修繕項目とその費用見込み額が「支出欄」に記載され、その支出を超える積立残高をキープするための年次・積立金合計と残高が「収入欄」に記載されています。

年次の積立金が変わっている（増額になっている）年があれば、その年から毎月の積立金の変更が行われている、または一時金徴収が予定されていることが判明します。

なお、長期修繕計画書がいつ作成されたものか、日付を確認することも大事です。長くとも5年ごとに見直しが行なわれて来た計画書ではなく、分譲当初のままであれば、管理組合の管理意識が低いことを疑わなければなりません。

管理意識の薄さは、マンションの資産価値を下げてしまうことにつながるからです。その疑いがあれば、先に述べた「ひび割れの有無」や「鉄部の塗装のはがれ」、「タイルの剥離」などを再度見て回るようにしましょう。

	8	9	10	11	12	13	14	15	16	17	18	19	20	21	22	23	24	25	26	27	28	29	30
					●												●						
					●												●						
					●												●						
	●				●				●				●				●				●		
					●												●						
					●												●						
								●															●
								●															●
													●										
	●								●								●						
													●										
								●															●
								●															●
													●										
																							●
													●										
					●												●						
																							●
			●					●					●					●					●
					●						●						●						●
																		●					
			●					●					●					●					●
					●												●						

● 長期修繕計画の主要な工事項目の修繕周期（参考例）

	工事項目	修繕周期	1	2	3	4	5	6	7
建築	外壁補修	12年							
	屋上防水	12年							
	その他防水	12年							
	鉄部塗装（屋外）	4年				●			
	外装材	12年							
	外構補修	12年							
設備	給水ポンプオーバーホール	15年							
	給水ポンプ取替	15年							
	受水槽取替	20年							
	排水ポンプ取替	8年							
	消火設備取替	20年							
	ＴＶ共視聴設備取替	15年							
	照明器具取替	15年							
	避雷針設備取替	20年							
	共用分電盤取替	30年							
	インターホン設備取替	20年							
	エレベーター補修	12年							
	エレベーター制御・駆動部取替	30年							
機械式駐車場	機械式駐車場部品取替	5年					●		
	機械式駐車場塗装（屋外）	6年						●	
	機械式駐車場更新（屋外）	25年							
他	長期修繕計画見直し	5年					●		
	建物調査診断実施	12年							

長期修繕計画書のサンプル

古くても高い優良マンションの秘密

ＶＩＮＴＡＧＥの称号が付いた優良マンションの中で、最も有名なマンションは「広尾ガーデンヒルズ」だろうと思いますが、築後35年を経過しても非常に高い取引額を誇っています。ポータルサイトのＳＵＵＭＯで調べると、２０１８年10月25日現在で以下のような売り出しが見られます。この売り出し価格で成約になるとは思いませんが、坪単価@５００万円以上で成約できそうです。

Ｏ棟３階　１０４・95㎡　１億６５００万円（@５１８万円／坪）
Ｋ棟９階　97・18㎡　１億６８００万円（@５７０万円／坪）
Ｂ棟４階　１０１・58㎡　２億１５００万円（@６９８万円／坪）
Ｏ棟６階　１１７・06㎡　２億１８００万円（@６１４万円／坪）

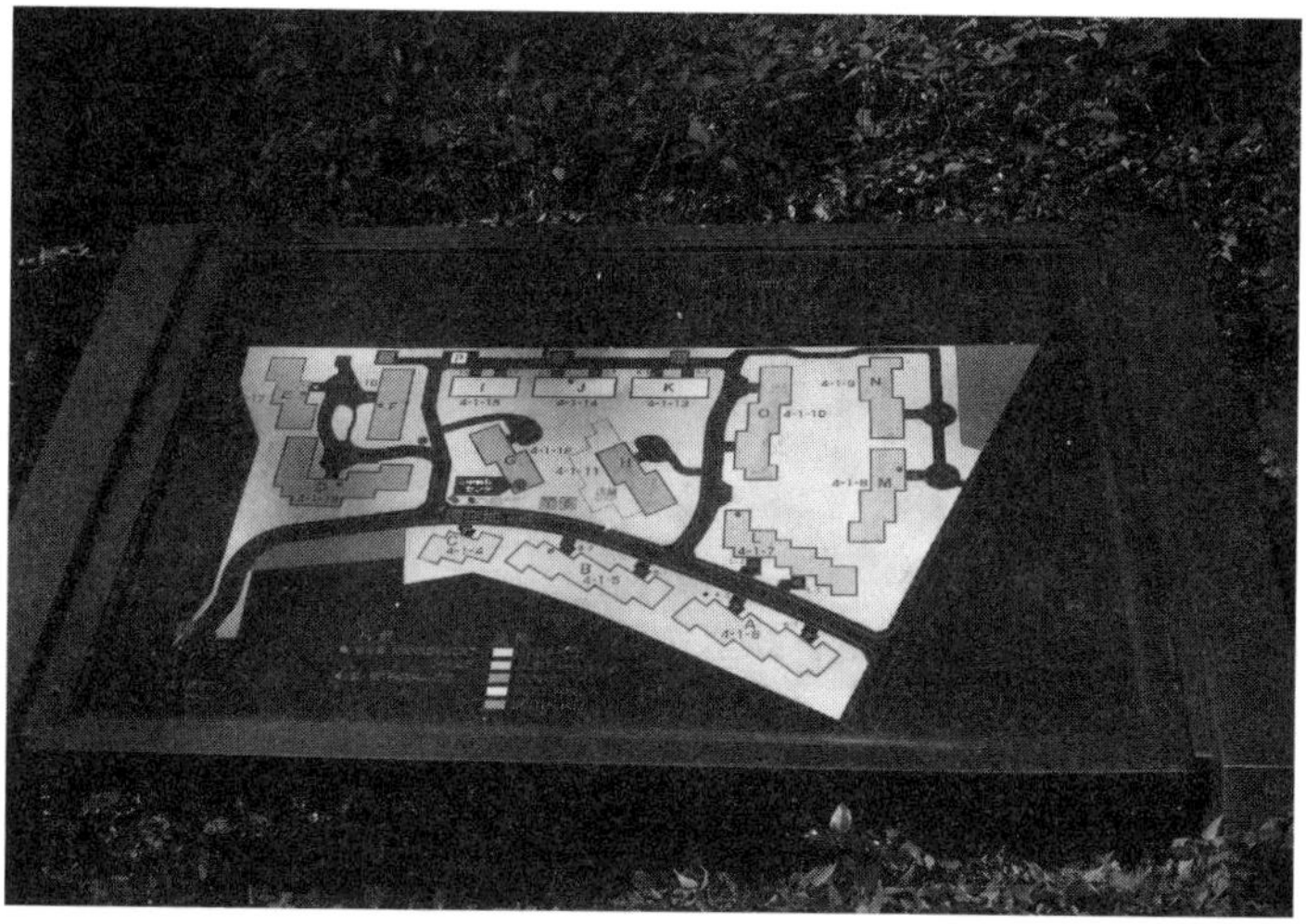

広尾ガーデンヒルズ案内表示

L棟5階　118・03㎡　2億4980万円（@698万円／坪）

広尾ガーデンヒルズの所在は、東京メトロ日比谷線「広尾」駅 徒歩6分の高台にあります。起伏に富んだ約6・6haの敷地に配された、全15棟・合計1181戸のマンションと管理センター、スーパーマーケット（ナショナル麻布）、カフェ（セガフレード・ザネッティ・エスプレッソ）、銀行ATM（三菱UFJ・三井住友）、医院等によって構成されています。

発売当初から高い人気を得て即日完売、抽選倍率平均40・8倍、最高倍率209倍を記録したと言います。また、完成後にはバブル景気が到来し、新築時に250万～

広尾ガーデンヒルズ（左がＦ棟、右がＩ棟）

400万円／坪であった価格は、中古市場で最高3000万円／坪にまで跳ね上がったのです。

広尾ガーデンヒルズは、売り出し価格（坪単価）の@518万円～698万円が、どのくらいのレベルかを知っていただくために、近隣の新築マンションをご紹介すると、広尾駅から徒歩9分の「ディアナガーデン西麻布42戸・平均76㎡台」は平均坪単価で@580万円、同駅2分の「オープンレジデンシア広尾ザ・ハウス60戸・平均60㎡台」は同@610万円で販売中です。

恵比寿駅から徒歩7分の「ザ・パークハウス恵比寿南56戸・平均90㎡台」は、同@610万円、同7分の「シティタワー恵比寿310戸・平均68㎡台」が、同@650

広尾ガーデンヒルズ中庭

万円で販売中です。広尾ガーデンヒルズがいかに高いかが分かります。

中古マンションも調べてみると、広尾ガーデンヒルズに近い価格の物件がありました。最近の取引事例（成約）で「プラウド恵比寿」（恵比寿駅より徒歩6分）が@560万円と@500万円でした。ただし、築年数は6年と新しいのです。恵比寿駅から2分の「クレヴィア恵比寿」も@645万円の取引がありましたが、こちらも築8年です。

どちらも、築10年未満と新しいのに対し、築35年の広尾ガーデンヒルズは価格で並ぶ、もしくは超えるのです。

広尾ガーデンヒルズはなぜこんなに高いのでしょうか？　立地条件が格段に良いか

ら、高台にあり緑が多いから、建物の作りがしっかりしているから、有名人が住んでいるから、維持管理が良いから、その他いくつもの答えがありますが、どれも正解と言ってよいでしょう。

筆者は「希少価値が極めて高い」ことにあると考えます。次でもう少し掘り下げてみましょう。

THE APARTMENT DICTIONARY

価値が下がりにくいマンションの3要素

マンションの価値は、建物の劣化とともに低下して行くものですが、それを食い止める要素、劣化のスピードが遅くなるマンションの条件を挙げると、3つあります。

①管理・メンテナンス、②経年優化という発想、③立地条件的に希少価値があることです。

このうち、ここでは、③の「立地条件的に希少価値あること」について述べます。

マンションの価値は、立地＋建物ですが、建物価値が経年劣化によって低下しても、立地において並ぶものがないとき、その価値は何年経ても変わりにくいのです。

普通の立地のマンションが経年劣化によって、築20年くらいになれば、その価値を新築と比較すると東京23区では平均して70％相当に評価されますが、希少価値の高い立地にあれば80％なり90％なりの評価を受けるのです。

このような物件は都心の一等地にヴィンテージマンションとして多数存在しますが、そうなりえる可能性があるマンションかどうか、もしかするとそうなりつつある中古を、まさにあなたは選択しようとしているのかもしれません。

新築との比較と言いましたが、希少価値のある立地条件にあるということは「新築」にはない立地を意味するのです。新築対比80％、90％ではなく、立地で劣る新築と比べれば100％、110％ということもあり得るのです。

新築より高い中古、それは希少価値そのものです。

仮に、希少な立地のマンションの近所、分かりやすく言えば隣地に新築が30年ぶりに供給されることがあれば、その新築は立地条件の良さから高い分譲価格となることでしょうから、その対比で見れば30年中古は60％の価格かもしれません。

しかし、そっくり同じような建物ができることは現実にはないので、中古が規模や高さで圧倒していれば、その差は新築に接近し、90％なり100％となって行くのです。

「広尾ガーデンヒルズ」のような特別なマンションを例として取り上げた理由がお分かり頂けたことと思います。

広尾ガーデンヒルズは特別だ、例外だという反論もあるでしょうが、中古マンションを買うなら、広尾ガーデンヒルズに少しでも近い条件のもの、すなわち希少価値の高い立地条件の物件を選ぶように心がけたいものだと言いたいのです。

THE APARTMENT DICTIONARY

気を付けなければならない リノベーション物件

マンションの寿命は、長いもので１００年とされます。ということは、築40年過ぎたものでも、余命は60年あるかもしれません。そう考えてのことかどうかは分かりませんが、中古マンションを探している人の中に、あえて築30年以上の古いマンションに限定している人があります。狙いは、安いからというだけでなく、大胆なリフォームをして好みのインテリアや間取りにしたいという願望があるからです。

大胆なリフォームという表現は適切ではありません。リノベーションと言い換えます。

また、不動産業者やリフォーム業者が個人所有の中古マンションを買い取ってフルリフォームしてから売り出した室内だけ新築並みのマンション、すなわち「リノベーション」と表示のある中古を探している人もあります。

リノベーション中古を購入するときの注意点に触れます。

リノベーションとは?

初めての方のために、念のため用語解説をしておきたいと思います。

リノベーションとは、英語で renovation と書き、本来の意味は「改革・刷新・改修」。壁紙や床を貼り替える程度の「リフォーム」と区別し、設備の刷新や間仕切り変更を伴う住宅改修のことを意味します。

元の中古マンションにはなかった設備を付け加えることで、新しい機能を持つマンションに生まれ変わるということになります。

たとえば、食器洗浄乾燥機付きのシステムキッチンや床暖房、暖房便座・洗浄機能付き便器といった、35年前にはなかったか極めて稀だった設備を新設し、さらに間仕切りを大きく変えるような工事をリノベーションと定義しているのです。

工事は、一旦スケルトン（骨組み）状態にしてから作りあげる大掛かりなものです。

満足度が高いリノベーション

洋服に例えると、マンションは言うまでもなく既製服です。個性的な間取りのマンションもありますが、どこを見ても同じような間取りが多いのが実態です。好みの間取りを見つけても場所が気に入らないとか、場所はいいが、今度は建物全体が貧相で好きになれないなど、なかなか思い通りにはならないものです。

そんな葛藤から辿りついた選択が「スケルトンからのリノベーション」であるわけです。マンションですから、排水管（上下階を貫く配管）の位置によってトイレの位置は変えられないといった制約はあるものの、ある種、注文建築を実践するような楽しみを味わいながらリノベーションすることができるというわけです。

制約が様々あってパズルを解くような計画ですが、それも楽しみと言えるようで、その結果でき上がった自宅マンションは満足度90％以上といったところでしょうか？

また、業者が工事を完了させた「リノベーション物件」も満足度は高いようです。筆者に届く「物件評価」のご依頼は、慎重なご性格の方なのかもしれませんが、次のような感想を付記して来られます。

「マンション全体は古いので、それなりのレトロ感もあるのですが、管理状態は良さそうでした。室内は、すごくお洒落で、色使いも自分の趣味にぴったり。設備も最新のものがついていて、とても気に入りました」

しかし、どこかに落とし穴はないかと思ったのでしょう。「この物件は買っても大丈夫でしょうか？　価格は高くありませんか？」などと相談メールを寄せて来ます。

満足度100％は資産価値のプラスにはならない

こうして手に入れた満足度100％のマンションには、それなりの費用がかかっています。スケルトンからのリノベーションとなると、最低でも500万円は必要で、2000万円を超える例も少なくないと聞きます。

何年かして売却するとなったとき、見学者に対し、「〇〇〇万円かけたのです」などと力説する所有者があります。「だから、本当はもっと高く売りたいのだ」という主張、いや恨み節なのです。なぜなら、所有者のこだわりは、他人にとって意味のない場合があり、中古市場ではこだわり部分を評価されないからです。人間には個人的な好みというものがあります。好き嫌いと言ってもいいでしょうか？

所有者のこだわりで個性的な間取りにしたり、奇抜なカラーやインテリアで飾ったりした住まいも、別の人からは嫌われてしまうことがあるのです。

たまたま同じ趣味の人が見学に来てくれたら幸運ですが、そうでないことの方が確率的には高いものです。従って、こだわりもほどほどにしておかないと、仇《あだ》となりかねません。

筆者は、「マンションは永住と決めない限り、購入するときから売却を念頭に置いて選択することが大事」と主張してきました。

費用の掛け過ぎは、他人の知ったことではありません。マンションの価値は、間取りや設備も大事ですが、もっと大事なことは立地条件ですし、マンション全体の価値、たとえば規模（スケール感）や共用空間なども含めて総合的に判断されるものです。室内にかけた費用がそのまま価値（売り値）の増額とは行かないのです。

リノベーション済み中古は高い？

リノベーション中古を購入した人も、次に売却するときに、同様の落胆を味わうことになる場合があります。理由は、そもそも購入額が高過ぎるからです。

自分でリフォーム会社を探し、何度も打ち合わせを重ねて発注するリノベーションより、業者が行ったリノベーション中古の価格には、売主業者の利益が多額に乗っているからです。

中古マンションは、築40年近いものになると、レトロな印象の中に味のある建物もないことはないですが、多くは見映えが悪く見学しても購買意欲が湧かないものです。無論、一番の理由は建物の耐久性や耐震性に不安があるからです。そこで、販売促進のために専有部分だけでも新品同様にしようという策が自然に登場して来ます。つまり「リフォーム」です。

所有者が居住したままでリフォームするのは難しいですが、移転してからなら思い切った工事が可能になります。思い切った工事、すなわち設備機器の交換をはじめ、間仕切りも換える「リノベーション」です。

リノベーションは、玄関ドアや窓のサッシなどを除けば、新築マンションのモデルルームにも劣らない、むしろ斬新な印象を放つマンションを誕生させることも可能です。

その綺麗でお洒落で、賃貸マンションでは見られない先進の設備を備えたリノベーションマンションは、見学者の購買意欲を高めるのに威力を発揮します。「新築みたい！」と舞い上がって契約してしまう人があるのは想像に難くないのです。

しかし、築40年になろうかという古いマンションには重大な欠陥が隠れている場合があるので、見せかけに騙されてはいけません。

筆者の「マンション評価サービス」では、ときどきリノベーション物件が登場します。評価サービスのレポートには、当然ながら価格が適正かどうかという項目を設けていますが、リノベーション物件はほぼ例外なく割高と出ます。安いと思ったのは過去1件だけでした。

表面は華やかでも、中身（耐震性と耐久性、その他）は大いに疑問の老朽化マンションと言うべきリノベーション物件は、価格と価値が一致しないのです。

誤解のないようにお断りしておかなければなりませんが、マンション1棟をリノベーションしたものは別です。ここで注意を喚起したいのは、あくまで1戸単位で販売されるリノベーション物件のことです。1棟リノベーションは、共用部のリフォーム・大規模改修も行い、必要に応じて耐震補強工事も実施していることが多いからです。

話を元に戻します。

リノベーション物件は、例外なく売主が個人ではなく業者です。中には大手業者も含まれますが、大半は無名の不動産業者です。

築40年を超えるような物件は中々買い手が付かないので、個人売主は業者に買い取ってもらう道を選択する場合があります。買い取り業者は安く仕入れ、リノベーションを施して販売するわけですが、そのとき信じられないような利潤を加えたと見られる例にたびたび遭遇します。

売主直販なので当然なのですが、仲介手数料が無料であることを強調し、いかにもお得感がありそうに見せる手法で販売に当たっているものも見かけます。

マンションの仲介をしても、手数料は最大で6％余しか受け取ることができません。実際は3％になることが多いのです。これに対し、リノベーション物件を自社物として販売する場合は、仲介でなく売主としての売り上げ100％と利益20％以上を取ることも可能です。

仕入れ価格3200万円＋リフォーム工事代800万円、販売価格5000万円、利益1000万円といった利益構成になっています。

新築マンションと同等、もしくはそれ以上にお洒落で快適そうなリノベーション物件を見てしまうと、中古相場がよく分からない初めての人は、高いと思わずに買ってしまいがちです。十分な注意が必要です。

高くても値打ちあるリノベーション

耐震補強工事が完了しているマンションにお目にかかることが1年に1件くらいあります。補強工事済みのマンションで、リノベーションまで完了していたら、買い手は安心も得られ、かつ新築マンションと見まがう室内に大きく購買意欲を高めることでしょう。

そのようなマンションなら、たとえ高くても買い手にとってメリットがあるかもしれません。なぜなら、リフォーム工事の手間が要らないからです。

リフォームプランを自ら立案し、工事業者を選択し、打ち合わせ、見積り検討、プラン見直し、工事契約といった一連の作業は相当のエネルギーを要します。それが無用というのは、随分楽なものです。価格が高いとしても、「世話無しで良い・すぐ入居可能」は、価値があるのかもしれません。

見落してはならない耐震性

1981年6月から施行の「現行・耐震基準」によって建てられたマンションは基本的に安全とされます。それ以前のマンションは「旧・耐震基準」のマンションなので安全性に不安が残ります。

旧・耐震基準のマンションでも専門機関に診断してもらうと、安全性に問題ないと回答のあるものも存在しますから、旧・耐震基準のマンションは全部が危険というわけではないのですが、「耐震診断」をしてみなければ安心は得られません。

マンションの耐震診断は管理組合（居住者全体）から発注されるもので、個人ではできないため、耐震診断を実施したかどうかと、結果はどうだったかを調べることが必要です。現実は、耐震診断を行っていない管理組合が旧耐震のマンションの70％もあると言われています（国土交通省調べ）。

つまり、1981年以前の古いマンションでは耐震性に疑問を残したまま売り出しているものが多いのです。仲介業者、もしくはリノベーション業者に「耐震診断はどうなっていますか？」と尋ねることが必須です。

ところで、1982年竣工と記載ある中古物件は、「新耐震マンション」と思いますか？答えは△です。

マンションの工事期間は概ね「階数＋3か月」が目安とされていますから（最近のタワーマンションははるかに短期）、仮に9階建てマンションなら竣工の1年前に着工していたはずです。1982年の7月竣工のマンションなら1年前の1981年6月か7月に着工したと推測できます。しかし、14階建てだったら1981年2月か3月の着工だったはずです。

建築確認が下りる（許可と同義）と同時に着工するわけではないのですが、筆者の記憶の中に、旧耐震基準の建築確認通知書を1981年1月に受け取ったが、近隣住民から同意を得るのに時間がかかり、着工を同年5月中にできないと建築確認が無効になることから、大金を建設反対住民にばらまいて着工を急いだケースがあります。

そのマンションは「旧耐震基準」で建てられたのです。そのマンションは今も大阪市内に現存しています。1995年の阪神淡路大地震で大破しなかったことだけは確かですが、被害は小さくなかったのです。

1982年竣工のマンションは「旧耐震」基準の可能性が高いと思った方がいいのです。少し前に、営業マンから「1982年は、基準の変わった1981年の翌年なので大丈夫」と説明を受けたというメールが購入検討者から筆者に届きました。

建築確認通知の日付を見るのが確かな方法ですが、通知書そのものが残っていないことも多いので、筆者は上記の逆算方式で推定して「旧耐震マンションではないかと思います」と回答しました。

リノベーションマンションで気を付けるべきは、①価格が適正か（高過ぎないか）と、②旧耐震か新耐震か、旧耐震の場合は「耐震診断」を受けているかと、受けていれば言うまでもなく「耐震補強の要否」を確認することです。

THE APARTMENT DICTIONARY

マンションの建て替えは不可能と思った方がいい

古いマンションを検討している人に尋ねられます。何年か先に建て替えの話が出たら、どうなりますか？　資金拠出はどうなるのかという質問です。中には、これを買えば、建て替えの恩恵に与《あず》かれるのではないかと皮算用する人もあります。

筆者は、どちらにも「建て替えは１００％不可能と思った方がいい」と答えています。

日本で集合住宅というと江戸時代からあった「長屋」のことですが、鉄筋コンクリート造となると歴史は浅く、日本国内で最も古く、現存するものは、長崎県にある通称・軍艦島（端島）の住宅のうち、７階建の30号棟と言われます。１９１６年（大正5年）の建設で、日本初の鉄筋コンクリート造の高層アパートとされています。

世界文化遺産に登録されたことでご存知の読者も多いと思いますが、軍艦島は明治時代から昭和にかけて海底炭鉱によって栄え、最盛期の１９６０年（昭和35年）には５２６７人が居

	建替え前	建替え後
所在地	東京都新宿区本塩町（最寄り駅：JR四谷駅）	
敷地面積	1,020㎡	
建て替えの経緯	2017年3月：建替え決議 2017年8月：等価交換契約 2017年9月：解体工事着手 2019年7月：竣工（予定）	
延床面積	2,290㎡	3,980㎡
階数・棟数	地上5階	地上6階、地下1階
総戸数	住戸28戸	住戸51戸
間取り	2K～3LDK	1DK～3LDK
各戸専有面積	フラットタイプ4戸 メゾネットタイプ24戸	29㎡～114㎡

四谷コーポラス　建替え前後の比較

住、人口密度は東京特別区の９倍以上、８万３６００人／㎢と世界一に達したと言われます。

炭鉱施設・住宅のほか、小中学校・店舗・病院・寺院・映画館・理髪店・美容院・パチンコ屋・雀荘・社交場（スナック）などがあり、島内においてほぼ完結する都市機能を有していたそうです。

関東大震災の復興住宅として１９２４年（大正13年）から１９３３年（昭和８年）の間に、東京を中心に16か所のアパートが建設されましたが、その名を「同潤会アパート」と言いました。２０１５年を最後にすべて建て替えられましたが、最も有名な建て替え例は青山アパートメントで、後に「表参道ヒルズ」となっています。

同潤会アパートは、すべて賃貸住宅でしたが（後に分譲された）、分譲マンションとしては、1955年に第一生命住宅（現相互住宅）が「武蔵小杉アパートメンツ」を販売しています（後に建て替えられて「武蔵小杉タワープレイス等」に生まれ変わった）。

翌年には、日本信販（現三菱UFJニコス）の不動産部門である日本開発㈱が「四谷コーポラス」を分譲しました。28戸の小型マンションです。今となっては安アパート風ですが、2017年まで現存していました。

これが最古の民間による分譲マンションとして、築61年を数えました。その四谷コーポラスは建て替えられることが決まったのです（2018年現在工事中）。

マンションの建て替えは合意形成が難しく、事実上不可能な場合が多いのですが、ある要素が加わることで可能になるものです。

報道によれば、「四谷コーポラス」では28世帯が日ごろのコミュニケーションがよかったために合意形成がスムーズだったとあります（デベロッパーの旭化成不動産レジデンス談）。

筆者は、それだけではないと思うのです。何がポイントかというと、建て替え資金の捻出が比較的容易だったからです。

具体的な資金計画書を見たわけではないのですが、5階建て28戸が地下1階・地上6階の51戸に化けるようですから、もともと容積率に余裕があったか、容積率が割り増しになったかして建物のボリュームが増えたのです。増えた分を販売することで資金の大部分が賄えるからです。

建て替わる新築マンションのうち、28戸が所有者に渡されるか、金銭を受け取って他に移り住むかの選択になるわけですが、今回のケースは27戸が分譲対象とあるので、24戸が地権者に渡ることになったようです。

マンションの寿命は百年？

この報に触れて、昔のマンションは寿命が短いのか長いのか、果たしてどっちなのだろうか？　そんなことを思った人もあったのではないかと思うのです。

先に述べた軍艦島は居住者のいない住宅なので、荒れ放題、「朽ち果てる寸前」という印象ですが、四谷コーポラスはコンクリートの躯体はしっかりとしていました。同潤会アパートも築80年過ぎて居住者があったのです。

つまり、マンションの寿命は、80年は優にある、石炭産業が今も健在だったら軍艦島の集合住宅には今も人が住んでいたとするなら、１００年の耐久性があるとも思えるのです。

では、なぜ「四谷コーポラス」は61年で寿命を終えることになったのでしょうか？

コンクリートの躯体は、外からの目視では、まだ当分住めるような感じがしました。しかし、もしかすると雨漏りが頻繁に起きていたのかもしれません。エレベーターのない5階建てなので、不便をかこっていたのかもしれません。オートロックも何もないマンションなので、外部から管理人室の前をすり抜けて各住戸の玄関前まで侵入できてしまう不用心さから、セキュリティの高い住まいを望むようになっていたのかもしれません。

居住者の不満や願望を知る由もありませんが、住み心地が悪かったことは間違いないでしょう。

マンションは耐用年数の観点では、「鉄筋コンクリートの躯体」と「エレベーターや水道・ガス・電気などの設備」とに大別されます。寿命は、それぞれに異なります。

躯体は100年であっても、設備は40年程度と言われます。エレベーターは長くても40年で交換しなければ危険と言われます。

いずれにせよ、何もしないで永久に存続するわけではなく、人間と同じように、年齢を重ねればどこかに故障が起きますし、筋肉が減ったり、骨が弱くなったりもするのです。また、100歳まで生きる人がある一方、60歳くらいで死んでしまう人がいるように、マンションの寿命もばらつきがあります。

マンションが短命で終わるもの、長持ちするものと差が出てくるのは、次にあげる要素が大きく関係しています。

①劣化のしにくさ
②設備配管類の維持管理のしやすさ
③入居後の適切なメンテナンス
④地震などの外的要因

耐久性を知るには、「住宅性能表示制度」（２０００年制定）を利用する方法があります。同制度を利用したマンションでは、そのマンションがどれだけ長持ち仕様で造られているかを、一般の人にもわかりやすく表示しています。それが「劣化対策等級」というものですが、等級ごとに、以下の耐用年数が期待できるマンションであることを示しています。

■等級3……おおむね3世代（75〜90年）
■等級2……おおむね2世代（50〜60年）
■等級1……建築基準法に定められた対策がなされている（最低基準）

新築マンションを調べていると、最近は半分以上が「等級3」の性能を有しているようです。ということは、多くのマンションが75年以上の寿命があることになります。しかし、等級2以下でも、メンテナンスを適切に行えば同じくらいは持つはずです。逆に、等級3のマンションでも設備を含めてメンテナンス・交換をきちんと実施しなければ寿命は50年くらいで尽きるかもしれません。

寿命の長さは「メンテナンス」の仕方がカギを握るということになりそうです。最近のマンションは分譲時から「長期修繕計画」を立案し、少なくとも30年間は計画的に大規模な修繕をして行きましょうと売主デベロッパーは提案してくれています。

購入後は売主との関係は薄れますが、居住者（オーナー）は管理会社の助言に従い、定期的（3～5年ごと）に計画を見直し、30年後も、その後の10年なり20年なりの新計画書を策定してメンテナンスを適宜行うことが必須になります。

中古マンション購入時の不安は余命か？

新築の方が中古より何となく安心と考える人が多いようです。購入予定者（ご相談者）との会話から筆者が心理分析した結果や具体的にヒヤリングした結果から受ける印象です。

「新築の方が、気持ちが良いから」と「中古は長く住めない気がするから」というのが最も多い理由です。

前者は理解できますが、後者の理由で中古マンションの検討を最初から諦めてしまうのは勿体ないと思うのです。なぜなら、中古の方が新築より良い物件も少なくないからです。

良い立地にある、良い間取りが多い、オープンスペースの樹木が育って無機質なマンションに彩を添え、マンション全体の印象が良い、管理状態も分かる（居住者のマナーの良し悪しが分かる・管理意識の高さが窺える）といった長所が中古マンションにはあるのです。もちろん例外もあるのですが、新築に劣るものではありません。

「長く住めない気がする」というのも正しい認識ではありません。築75年がマンションの寿命だとして、築20年のマンションの余命は55年です。新築は余命75年です。この差を何と見るか、筆者が35歳のご相談者に聞くと、55年住めれば何も問題ないと答えが返ってきました。55年も住み続けるとは考えにくいとも語ります。

50歳の方は永住したいと言います。そして、「55年あれば百まで住み続けられるね」と即座に答えが返ってきます。

THE APARTMENT DICTIONARY

中古マンション探しのコツと手順

中古マンション探しは、ＷＥＢサイトを検索する方法が中心ですが、サイトを覗くと物件数だけは多数ありそうに見えます。予算に合う物件は何百件と出て来る、条件を絞っても50件もある。間取りも良いし、大手分譲なので品質も期待できる、場所も大体だが悪くない感じがする。このような物件が二つ、三つと見つかります。

早速、連絡先にメールを送り「内見希望」を伝え、次週の日曜に見学に行くこととなりました。見学の結果「管理状態も良いし、悪くはない物件だけど、古いなあ」と感じてがっかりし、営業マンから「こんな物件は滅多に出ませんよ」と勧められますが、もうひとつ気が乗らないので断ってしまいます。

次の物件は大規模で存在感があり、エントランスホールなどの共用部も豪華で一目惚れしました。対象住戸も眺望、間取り、設備とも悪くない。少しリフォームが必要になりそうに思ったが、担当者の説明では100万円もかからないというので、予算的にも大丈夫と思いました。

ところが、オフィスに連れて行かれ、住宅ローンの計算や登記料その他の諸経費を出してもらったところで、「問題なければ申し込みしてくれ」と言われて困惑します。

そんな急には結論が出せないと断ると、「中古マンションは先着順なので、早めに結論を下さい」の声だけが無慈悲に響きます。結局、他の客に取られたという連絡が来て話は流れてしまいました。

中古マンション探しは難しいなと感じます。新築マンションなら、担当営業マンが「1週間お待ちします。来週もう一度お越しいただいて課題を解決しましょう」などと言ってくれます。1週間の中で、購入を決断するための問題点を買い手なりに整理して次回の商談（訪問）に臨むことができます。

それに対し、中古マンションは複数の仲介業者が競って販売するので、「売り切れ御免」になるのです。売主が買い手を選ぶということもあるらしく、下手に指値を入れる（価格交渉をする）と売ってくれないとも聞きます。

新築マンションのモデルルームは常設の展示場のようなもので、何度も訪問できますが、中古は現品販売であり、売主が居住中ということも多く、長い時間の見学は遠慮しがちになります。何度も訪問することも難しい。これも壁になっている気がします。

このような経過で、意中のマンションに辿り着かないまま半年以上の時間が経過します。中には2年も経って見つからない、疲れたので休止中などという人も珍しくありません。

新築マンションにせよ、中古にせよ、探し方が課題になっている人は少なくないのです。新築は比較的簡単かもしれませんが、中古は結構厄介です。厄介というのは、新築のように資料が揃っていないこと、知識不足の営業マンが多いこと、その割にはスピーディな結論を求められること、先着順なので「売り切れ御免」になりやすいことなどが理由です。

中古マンション探しは自助努力で

筆者がまず言いたいのは、業者を頼りにしてはダメということです。仲介業者に条件を伝えておけば、あてはまりそうな物件が出たら自動配信してくれるとでも思っているのかもしれませんが、期待するほどの成果は得られません。

ＡＩ（人工知能）流行りのせいか、「あなたにピタリの物件情報を常時10万件の登録物件の中からＡＩが選び速やかにお届けします」などといった広告も目にします。しかし、見事に媒介（媒酌）が成功したという話は聞きません。数だけは期待した通りに送って来るということは言えそうですが、内覧に行ってみると問題がいくつもあって決めきれないのです。

業者に言わせると、メールで情報提供するだけで案内が取れれば楽なものらしいですが、下手な鉄砲も数撃ちゃ当たる式に送るのでしょう。HPにずらりと物件を掲載し、反応を待つのも同じ手法です。

特定物件の「出たら教えて」の登録も同じです。要は、貴方だけに情報を送って来るわけではないので、常に競争にさらされています。「一斉に情報を公開し、早い者勝ちですよ」というだけのことです。

待っていたら条件に合う物件が飛び込んで来るのでしょうか？　広告という形の情報は、どれもよそゆきの顔をしているものです。欠点・弱点は許される範囲で隠しているので、深く知るには、現地へ行って素のままを見る必要があります。

結局、条件にピタリの物件を見つけるには、自分で動いて探すしかありません。

たくさんの業者に声をかけたほうがよいか

いろいろな業者に登録しておくと、多数の情報がひっきりなしに届くことになるのでしょうか。また、意中の物件がある人は「出たら教えて」登録をしておけば、自動的に情報が届くのでしょうか。

いずれも、中々出て来ないのが現実です。人気がある物件は売り惜しみする人が多いからです。事情があって売ることになる例もありますが、3年ぶりの売り出しなどというケースも少なくないのです。

大型マンションでは、結構な数の売り物が出て来ますが、条件の合わないものばかりで、特定の間取りに限ると1年に1回あるかなしかといった確率です。

意中のマンションが2つなり3つある人はどうでしょうか？　確率は高くなるものの、期待は裏切られることが多いようです。

結局は婚活と同じで、他人頼みでは生涯の伴侶は見つかりません。方法はただひとつ、自分からポータルサイトを頻繁に覗いてチェックするしかないのです。

夫婦の縁と同じで、中古マンション探しは誇張して言えば、星の数ほどある異性の中からたった一人の相手を探し出すようなもので、偶然のたまものです。毎日サイトをチェックしていても見つからない、ようやく一目惚れした物件を見つけてもタッチの差で他の買い手にさらわれることも少なくありません。

もう一度言いましょう。こういう物件が欲しいと表面的な希望条件を伝えても、ストライクボールを投げ返してくれる業者は存在しないのです。何より、業者は複数です。貴方の知らないところで同時に検討している買い手が常にいるのであり、あなただけを特別扱いはしてくれないと思った方が正解です。

トレーニングと決断スピードが大事

中古マンションは、素早く決断することが要求されます。そのためには、予備知識が必要です。まずはどこか見学に行きましょう。勉強のためと割り切って2つか3つ内覧してみましょう。

仕事の合間を縫って物件探しをするのは、簡単のようで存外時間がかかるものです。内覧に行くにも、その後の検討についても迅速な行動が求められますが、よく勉強している人でも、うっかり見落としてしまったり、隠れた問題点に気付かなかったりすることがあるものです。まして、中古マンションの見学経験が浅い人は、全く気付かないこともあるのです。

何が問題かも分からないので漠然とした不安が湧き、スムーズな結論が導けないものです。そこで、事前に見学の際のチェックポイントなどを把握してから内覧します。

座学の後に実戦練習をするというイメージで何件か見学をすることが必須です。言い換えると、ぼんやり何となく見学に行くのではなく、課題を持って行く、学習のポイントを押さえてから行くことが大事です。

プロや調査業者の力も借りる

筆者が提供する「物件の評価サービス」を利用するのもお勧めです。初回は無料（ただし、バス便物件は有料など一定の条件があります）なので、お気軽に利用なさって下さい。

抽象論を語った書籍やその筆者が提供する資料、あるいはインターネットの情報などは無数にありますが、具体の物件に落とし込んだ情報（ご依頼物件に沿った解説・評価レポート）は、他にないサービスです。

レポートを取得してから見学に行くのがお勧めです。見学前に対象物件が売れてしまう可能性があるので、遅くとも3日以内にレポートをお届けしています。きっとお役に立つことでしょう。

素早く結論を出すための予備知識、たとえばチェックすべき事項は何か、調べてもらうべき事項、見学の際のチェック項目などを常に携えておくことが必須です。そのための学習を効率よく進めて初等学級を卒業しましょう。

課題を持たずに見学しても意味がないと思いましょう。一生に2度あるかないかの大きな買い物を短時間で決断しなければならないのが現実なのですから。

選択の優先条件や重要な条件が見えてきます

座学と実学は違います。理論と実践も違います。理屈では分かっているつもりでも、「ついというのが人間の性《さが》です。理性では分かっているのに、己の感情によって意図しない方向へ誘導されてしまうこともあります。

何度も失敗を重ねて痛い目に遭っていればブレーキも掛けやすいものですが、マンション購入で何度も失敗するというわけにもいかないので、事前の学習を通じて自分の慧眼を育てるほかありません。

見て勉強して、また勉強し、次にスポーツの世界と同じように、実戦形式の練習をし、さらに練習試合を重ねて、勝つコツを身に着けて行くのです。

知識・経験を積むとWebサイトの見方もプロ級に？

多忙な人ほど、効率よくゴールに達するようにしなければなりません。たくさんの物件情報の中から不要な物件を排除し、条件の範囲で気に入りそうな物件を見つけても現地に行って落胆することが多いのが現実です。その落胆確率を減らして購入まで最短距離で到達するためには、欠点・弱点をインターネット情報の段階で見抜くスキルが必須です。

慣れれば、裏に隠れた情報の探し方も分かるようになるでしょう。

その手前の段階にある人、もしくは多忙ゆえに情報分析をやっていられない人は、積極的に筆者の提供するサービスのどれかをご利用になるのが早いかもしれません。

勉強のし過ぎで決断ができないこともある

探し方のコツがつかめて次々と候補物件を見つけ、かといって見学件数は絞りこめるようになった人であっても、100%の満足を得られる物件はないので、最後のところで悩むことでしょう。

「あちら立てれば、こちらが立たぬ、帯に短しタスキに長し」と感じたり、長所・短所やメリット・デメリット、または気に入った点・心配な点といったふうに整理をしてみたりするものの、結論が導き切れない人も多数あります。

インターネット情報を探しますが、的確な答えは見つかりません。こういう声も聞くし、こんな書き込みもある。結局、どれが正しいのか分からない。自分なりの解釈を一度はしてみたが、続けて情報を集めると、どうも違うらしい。

勉強のし過ぎと書きましたが、正しくは中途半端な勉強はかえって混乱に陥れるものだということです。

百点満点はない。短所を埋める長所があればいい

人間は欲深にできていますから、「より良いものを、より安く」と望みます。しかし、それがエスカレートすると「青い鳥症候群」に陥る危険があります。

そこで、どこかで割り切る必要があります。「百点をつけられるような理想的なマンションはそもそも存在しない、必ず気に入らない点や懸念点が一つ二つはある」このように思いましょう。

「あちらを立てればこちらが立たず」となることを承知の上で検討にかかるのが賢明な態度というものです。

問題は優先順位です。後順位のものは捨てましょう。短所・デメリットは、長所・メリットが補ってお釣りが出るかどうかで判断しましょう。お釣りが出るほど長所・メリットのインパ

クトがあればヨシ、そうでもないなら見送るといった考え方をお勧めします。

住宅ローンの仮審査は予め通しておきたい

中古マンションの場合、先着順なので決断したら素早く購入申し込みをすることが大事です。しかし、資金の裏付けがないと受け付けてくれない場合があります。

資金の裏付けとは、何銀行でもいいので「仮審査の合格通知（住宅ローン事前審査通知書）」を取得しておくことです。物件を適当に選び、審査をお願いすれば1週間以内で答えは返ってきます。これがあるとないでは、スピードにおいて段違いの差ができてしまいます。

どこかのタイミングで、審査を申し込むことをお勧めします。

第6章のまとめ

＊中古より安いのに価値ある新築マンションはありえない。
＊中古物件の購入は、買い手の目利きや知識が鍵を握る。
＊中古の場合、購入検討物件の修繕履歴と修繕計画は必ず確認する。
＊マンションの価値を長く保つのは①管理、②経年優化、③立地希少価値。
＊自己満足のリノベーションは資産価値を下げることもある。
＊中古は旧耐震か新耐震か、旧耐震の場合は「耐震診断」も確認する。
＊古いマンションの建て替えは１００％不可能と思った方がいい。
＊中古の物件探しはトレーニングと決断スピードが大事。

第7章

マンションの購入でやってはいけないこと

THE APARTMENT DICTIONARY
CHAPTER 7

THE APARTMENT DICTIONARY

広い部屋・新築にこだわると失敗する

この章では、初めてなので、どこから手を着けていいのか分からない人のために、マンション選びの基本的なこと、注意すべき点などを、またマンション選びで後悔しないためのコツ、言い換えると、多くの買い手が犯しがちな過ちの防止策について分かりやすく解説します。

最も犯しがちな失敗はここにあります。どなたも、広過ぎず狭すぎずと考えます。初めての買い手は、「子供ができて狭くなったから、または子供が一人増えて狭いからと広い家を探したが、家賃が高いことに驚き、こんなに払うくらいなら買った方がトクなのではないか」などと思いついて購入を検討し始めるものです。

従前の家より広いことが条件になっているのです。その広さは、多くが70㎡と答えます。3〜4人家族なら3ＬＤＫは必須に違いありません。その場合、予算が十分な人は別ですが、予算が足りない人はどうするのでしょう。その場合は、郊外の新築マンションか、郊外へ移転したくない人は中古マンションという選択になります。

ここがカギです。予算が足りないために、うっかりすると手を出してはいけない物件を選んでしまいがちだからです。

2人家族ならどうでしょうか？　50〜60㎡の2LDKでも間に合うはずです。ところが、子供ができたときのことを考えて3LDKを買っておきたいと考える人が少なくありません。

家族の多い人は別として、大事なことは当面10年住めればいいという発想を持つことです。

2LDKなら10年は住める

今、2DKや2LDKに住んでいる人は多分思いつかない考え方だろうと思います。賃貸マンションや社宅に住んでいる人の大半が「もっと広い家に住みたいね」と夫婦で話し合っているからです。

一般的な4人家族だけでなく、子供のいない新婚さんまで、猫も杓子も70㎡3LDKを目指す、そんな傾向が首都圏にはあります。デベロッパーも、そのニーズに応えて可能な限り3LDKを供給しようと考えます。少なくとも、これまではそうでした。

しかし、都心では価格が高く70㎡を超えると8000万円、9000万円といった価格になってしまい、手が出ないという声も増えます。仕方なく、購買可能金額から逆算方式で面積を決めるという策に転じます。「グロス論」と業界内では言っているようで、過去の統計数字を見ても、価格が上がると面積は縮むという傾向がはっきりと出ています。

2013年以降の価格上昇過程で、デベロッパーは面積の圧縮という策を採って来ました。その結果、2LDKが増えましたが、それを喜んで購入する階層も少なくないのです。2LDKを誰が買うかというと、いわゆるDINKSと間もなく子供ができるかもしれないDINKSたちです。

これまでは、新婚さんでも「子供ができたときのこと考えて3LDK」を希望していました。そう語る人には、将来を見据えた良い考えと褒めたいところですが、無理をする必要はないのです。今、一人目がおなかにいる状態か既にベビーカーに乗っている状態の家族でも同じですが、もはや希望エリアでは手が届く物件がないのですから。

としたら、郊外の3LDKを買いに行くか、都区内であったとしても好みでないエリアに行くしかないのです。ところが、それは嫌だとおっしゃる。そうであるなら、やはり2LDKで我慢するしかないではありませんか？

「我慢しろ、だって。とんでもない高いお金を投資して買うのです。渋々買うなんて。同じ買うなら夢のある買い物をしたいじゃないですか」。こんな声が飛んできそうです。その通りです。ここは考え方の問題です。

子供に個室を与えるのは何年先か考えてみましょう。それまでは2LDKでも十分のはずです。2LDKなら、子供部屋と夫婦の寝室の2つの寝室があれば間に合うとは言えないでしょうか？　幼児のうちは2LDKなら、ひと部屋は余ってしまいます。まさに、子供に個室を与えるときが来るから、そのときのために2LDKを選んだということになりませんか？

二人目ができたら困る。そうですね。でも、一人目が個室を欲しがるのは何年後でしょうか？　しかし、その後二人目がすぐ追いかけて来るので、もう一部屋必要になるかもしれません。その時が来たら、いよいよ手狭になるでしょうね。兄弟が一緒の部屋は嫌だと言い出すかもしれませんからね。

そうなったときに買い替えればいいのです。お子さんの年齢にもよるでしょうが、まだ生まれたばかりなら10年は住めるはずです。

この買い替えを実現させやすいのは、立地の良さです。立地を優先し、面積条件を落とすのです。これは「あの街に住みたい」というアドレスを求める人にも当てはまる解決策です。

新築にこだわりを持ち続ける人は、2LDKでも予算オーバーという場合があります。この場合はどうすればいいのでしょうか？　答えは、もうお分かりのように中古マンションも候補にするということです。ただし、新築志向が強かった人ほど、「できるだけ築浅の物件を」と思いがちなので、ここが肝心です。

築浅の中古は人気で、思ったほど安くないことに気付きます。品数も少ないのです。そこで、築浅というこだわりを捨てることが必要になって来ます。

仕方なく徐々に築年数の古い中古へと、選択の幅が広がって行きますが、基本はそれでいいのです。

新築にこだわると失敗する

ここまで何度か触れて来たので、賢明な読者はもうお分かりだと思いますが、新築マンションは数が減り、買いたい場所に身の丈に合った価格で分譲されることは少なくなってしまいました。

いくら待っても出て来ない、そう思って間違いはないのです。そうなると、中古を選択肢に加えざるを得ません。

新しい家に住みたい人も、あきらめざるをえないかもしれません。どうしても新しい部屋で暮らしたい人は、リフォームして自分好みに作りかえるほかないのです。

大掛かりなリフォームは予算も増えてしまうので、壁紙を替えるだけとか、ガス台だけ交換する、トイレを最新式のタイプに交換するといった部分リフォームにすればいいのです。それでも満足できることは少なくありません。

部分リフォームでは、古い設備が残るという問題もありそうですが、中古でも新築に負けない設備が装備されているものがあります。何より、中古マンションの方が間取りの良い物件が多いのです。

THE APARTMENT DICTIONARY

安さの追求は根本的な落とし穴

「郊外に行けば同じ予算で広い新築が買えるよ」に騙されるなと筆者はいつも叫んでいます。いろいろな方からメールをいただいたり、お会いしたりという毎日ですが、その中で感じることのひとつは、タイトルの「安さの追求」を図る購入者心理です。当たり前と言ってもよい心理ですが、不動産の場合、それはしばしば仇となるのです。

安いのは値打ちがそれだけ低いことを意味する

言うまでもなく、価値の低いマンションは価格が安いものです。都心より郊外は安く、都心の中でも高いエリアとそうでもないエリアがあります。

モノの値段は需要と供給の関係で決まります。ところが、そう単純に言いきれない場合もあるのです。新築マンションがこれに当てはまります。

新築マンションの場合、原価を構成する土地代は需要の多い都心で高く、需要の少ない郊外部では安いのです。郊外都市でも駅前商業地と駅から離れた住宅地では土地の値段に差ができます。

一方、もうひとつの原価である建築費はどうでしょうか？　これは都心も郊外も大きく変わることはありません。ただ、敷地面積の狭い都心と比較的広い郊外では工事のしやすさの比較で都心は高くなる傾向があります。郊外でも駅前商業地などは都心同様の高い建築費になってしまうのです。第3章で述べた通りです。

つまり、新築マンションは価値と価格が不一致という場合が多いと覚えておきましょう。

中古マンションに目を転じてみましょう。中古は需要と供給の関係を如実に表すものです。原価がいくらかかったかなどは全く無関係です。買いたい人がなければ限りなくゼロに近づいて行きます。

買いたい人の多い、便利で価値あるマンションは、たとえ築後何十年経っても何億円もします。新築志向が強い日本国民ですが、そこに住みたいと思う場所に新築がなければ中古マンションでも高い値段で買う人があるのです。

私たちは、「価値あるものを安く買いたい」と思っていますが、売り手は「高く売りたい」と考えています。その綱引きの結果、自然に収まるべきところに収まるようにできているのです。

安いマンションは需要がないから安いのであり、需要の足りない地域にあるか、一定の需要がありそうな地域でも、品質の差によって需要が発生しない物件があるのです。

たとえば、高速道路にまともに面していて居住性がすこぶる悪ければ買いたい人はいないでしょう。いても少ないはずです。しかし、便利な都心にあって二重サッシになっているマンションなら、窓を開けられないデメリットと価格を天秤にかける人がいて、結構な値がついたりします。

価値に見合う価格か？

新築も中古も、その価値に見合う価格かどうかを見極めることが重要です。中古は収まるべき所に収まると書きましたが、売り物を見ていると、売主の強欲が反映されたものもあるので注意しなければなりません。

買い手は少しでも安く買いたいので、安いものを見つけると、「お買い得」かどうかを自分なりに判定しようとします。実際はとても難しい作業ですが、気に入れば他人が高いと思っても自分は安いと感じてしまうものでもあります。

安いかどうかを測る物差しは見つからず、特に新築マンションは売り方の巧拙もあって、安いと錯覚させられることが多いようです。一見安い新築マンションがあっても、実は高いとする専門家の判定も少なくありません。また、高いと承知しても将来性がある地域・街なので結果的に安い良い買い物をするであろうと期待してしまう物件もあります。

新築マンションの住戸別の価格を比較して割安な部屋はないかと探す人があります。

これはあまり意味がありません。割安に見える部屋は、実は何か問題になりそうな部屋である場合が多いものです。1階だから安い、間取りが良くないから安い、玄関前にエレベーターホールがあるから安い、バルコニーの先に隣の住戸が半分せり出しているから安いといった実例は枚挙にいとまがありません。

安いので「なぜ」と売主に聞くと、あまり言いたくなさそうにしながらも説明してくれますが、「問題があるから安い」ということになるのです。理由は分かったが、それだけの理由でこの価格なら安い、これはお買い得だと判断してしまう人も少なくないようです。

しかし、実際は「その条件ならもっと安くないと」と筆者はお答えすることが多いのです。お買い得住戸を見つけたと、まるで鬼の首を取ったように喜ぶ人もありますが、実はそうでもないのです。

「1階住戸はとても売りづらいのです。2階より500万円も安いとお喜びかもしれませんが、リセールのことを考えるともっと安く買いたいですね」

筆者はこう助言する場合があります。

「ルーフテラス付きの角部屋は確かに価値があるのですが、実は価格ほどの価値ではないことが多いのです」

「タワーマンションの場合、眺望価値の差で上下の価格差が設けられていますが、リセール時には新築時の価格差ほどの差が付かないことも多いのです。ですから、眺望価値と価格差には気を付けないといけません」

新築マンションの値付けの舞台裏

マンション業者の値付けを担当する人は販売のプロです。実際の価値とは別の物差しで価格を決めています。

1階住戸はもっと安くしないと売れない。ルーフテラス付き住戸は思いきり高くしても必ず売れる。角部屋は強気でもいいが、中部屋は数も多いから、できるだけ安くしたい。安くした分を角部屋にONしよう。ここと、ここは目玉住戸にして宣伝効果を上げようなどと彼らは考えます。

エレベーター前の住戸は嫌う人が多いから少し安くしておこう。ゴミ置場が近い部屋もそうだね。東南の角部屋でもここは線路沿いだから真ん中と同じ単価にした方が良さそうだ。10階までは前のマンションが障害になるから下げておこう。11階から上の部屋との差をもっと大きくしておこう。いやいや、前のマンションまで50mもあるのだから、差は小さくていいだろう。

はっきりした差をつけると欠点が浮き彫りになるので良くないよ。でも、間には向こうの駐車場があるから、音の問題を気にする人もいるし、上下格差は広く取っておこう。この間取りは、人気が出ないと思うから安くする方がいいな。

キリがないので止めますが、このような議論を少数の担当者間で戦わせながら価格案を作り上げます。当然、全住戸の合計は売上計画を下回らないようにします。

価格案ができたら、その中から一部の住戸のみを「価格案」として商談の中で顧客に提示します。しかし、「案なので、この表はお渡しできません」と担当営業マンは言います。なぜなら変わる可能性が高いからです。うっかり渡してしまうと、値上げしたときに苦情を言われるのを嫌うためです。見せた以上、しかもメモを取ってしまうなら同じことではないかという気もしますが、証拠物を残さないという考え方があるのでしょう。

ともあれ、案として提示した価格が顧客の支持を得られるかどうか、反応を見る必要もあります。プロといえども、売り出してみないと、買い手の志向は分からないということなのでしょう。不人気住戸、人気住戸を把握するための必要なテストです。

人気住戸は高くし、不人気住戸は安くする。そうして利益は落とさないようにしたいので、○○○万円〜○○○万円までと幅を持たせたり、○○○万円台という表現を用いたりして値上げの可能性を残すという方法が一般的です。安くすることにクレームをつける検討客はいないはずですが、値上げは神経を使うというわけです。

こうして第1期の販売を始めるまでには高くても売れそうな住戸の位置（向き・高さ）や人気の間取りタイプなどを顧客の反応から見定めます。

中には、もっと安くしないと売れない住戸があるマンション内の列があると知らされることもあり、その下げた分の原資が人気住戸を上げただけでは足りないという場合もあります。仕方なく、売り上げ全体を下げる（利益を削る）という判断に至ることもあります。

こうしてできた住戸別価格は「戦略的な値付け（目玉商品を設けること）」になっているという例外もありますが、原則として住戸価値なりの値段になっているものです。つまり、安いと思った住戸を見つけても大抵は安い理由があるもので、その秘密を知ってしまうと落胆することでしょう。

強気な売主・業者査定に従う売主

今度は中古の価格ですが、こちらは比較的リーズナブルと考えた方がいいようです。というのも、個人のオーナーさんは、仲介業者に意見を聞き、業者は市場価格を調べ「査定価格」を提示し、その後にオーナーさんは売値を決めているからです。

5000万円の査定と出た我が家を20％も高く6000万円と値付けしてもほとんど意味がないからですが、オーナーさんによっては、それでも無理を承知で高値の売り出しを図る人もいますから、注意をしなければなりませんが、多くのオーナーさんは5％程度のONに留めて売り出します。5％は買い手から見て、価格交渉の成功限度と言えるものです。

また、業者の査定額がそもそも高いということもあるのです。業者は売り依頼をたくさん取りたいという思惑があるので、高めに査定をして売主さんを喜ばせようとするからです。この点も注意しなければなりません。

安いと感じたら、どこかに欠点があると思った方が良いのです。事故物件でない限りありえないことのようですが、「内覧時は気付かなかったが、夜間の道路騒音がひどい」とか、「近所のコンビニ店の駐車場が不良グループのたまり場だった」といったこともあるのです。

なお、業者が仲介でなく売主になっているリノベーション物件は、前章で述べたとおり、強気な売値という場合が多いので、こちらも要注意です。

「安い」理由をしっかり分析しよう

安いものを探す努力は、しばしば大きな過ちを犯します。

人気がないから安い。需要が少ないから安い。それは都心の人気エリアの中にも潜んでいます。人気マンションと聞いているが、なぜか安い住戸がある。欠点が隠れている住戸ではないのか？　人気があるというけど、本当はまやかしではないのか？　そう疑ってみましょう。

安いのはおかしい。安いのは何か気付かない理由がある。そう思った方が正しいのです。不動産には穴場や掘り出し物などはない、そう言っても間違いではありません。

ときどき格安なマンションが発売されることがあります。興味を持って広告の建築概要を見てみると、安い理由は直ぐに見つかります。ほぼ例外なく、最寄り駅から遠いとか、半地下住戸だったりします。土地が定期借地権という場合もあります。

ほかには、建設地の環境が劣悪であるために安いというケースも見られます。さらには、都心から遥かかなたの駅が最寄りというケースもあります。

マクロ的に見た場合、飛び抜けて安いマンションは、交通の便が悪いか、環境が悪いかのどちらか、またはその両方です。

それは工場地帯の真ん中であったりします。東京都内にも、そうした場所があるのですが、広告を見て「こんな場所があったのだ」と改めて気付かされるというわけです。

そこは陸の孤島と言っても過言ではありません。最寄りの駅から徒歩で20分もかかるからです。工場は閉鎖され、広い敷地を取得した企業によってマンション開発が行われます。都市計画上、そこは「工業地域」です。なぜか工業地域にマンション建設は許可されるのです。

ご承知のように、産業の空洞化で工場跡地は無用の長物になったのです。広い敷地は買い手がつかず、極端な低価格でも取引が成立しにくくなっています。

最後に現われる土地の買い手であるマンションメーカーは、居住条件が悪くても、価格が激安なら販売は可能という計算をします。敷地が広いので、建築計画は余裕のある条件下で行われます。高さも程々に抑え、シンプルでバランスの良い経済的な構造で計画されます。安いだけでなく、素晴らしいプランが出来上がります。

周辺に緑が少ない地域であることのデメリットを補うために、敷地内の植栽計画は十分に練られます。敷地内には、散策路や住民交流を促す広場、子供たちが伸び伸びと遊べそうなワンダーランドなどが用意されます。

「環境創造型開発マンション」などと業界では言います。自走式の駐車場、大規模物件ゆえにキッズルームやパーティールームといった様々な共用施設も建物内に設けられます。

また、東日本大震災で関心を呼んだ省エネ意識は「太陽光発電装置」への需要の高まりを見せていますが、一時は電気代が半分になりそうな戸別供給方式を採用することで駅から遠い欠点を差し引こうとした物件もありました。

工場跡地のマンションは敷地が広いので、全住戸分の太陽電池を設置する面積を必要とする大きな屋根ができますから、うってつけです。

駅から遠いマイナスを補うために、最寄り駅との間をマンション専用のシャトルバスが運行されている例もあります。また、スケールメリットは管理費や修繕積立金を割安に設定することも可能です。

欠点・デメリットの多くは、企画段階で全て払拭されたかのようです。その上、分譲価格は驚くほど安いのです。販売に当たっては、いかにも緑が多そうな敷地、魅力満載のプランが、やや誇張された絵として広告上に躍ります。

安さは住戸プランの充実を生みます。「広々プランが〇〇〇万円から」というコピーが4LDKの間取りとともに、3LDKプランも「ゆったりリビング」を強調して広告紙面を飾ります。

こうして、安くて魅力たっぷりのマンション開発計画は販売開始となります。しかし、そのマンションが高い価値を持つかというと、そうでもないものが多いのです。

安いマンションを検討する人の動機は、「広いから」、「理想の間取りだから」ということのようです。しかし、この種の廉価なマンションは止めておいた方が良い場合が多いのです。その理由は、数年後に売ろうとしても、購入価格より大幅に下げないと売れないケースが多いからです。

都心の高級住宅地でも格安マンションがある

現地を見に行くまでは、条件が悪いとは言えない場所に、格安のマンションを発見するときがあります。それらは、都内で有数の高級住宅地、またはブランド地に建設されます。青山、赤坂、麻布、広尾といった憧憬の地に「えっ！」と驚く価格で売り出されることがあるのです。「小規模で変形の敷地や裏通りの土地」に安さの理由があります。高級住宅地は、本来ならたちまち買い手が付きます。しかし、変形敷地や道路付けが悪い敷地条件は買い手が集まりにくいものです。

条件の良い土地には、マンション業者ならずとも魅力を感じる買い手が多く、争奪戦が展開されるものです。反対に、条件の悪い敷地には買い手が付きづらいのです。

その結果、もともと安く売り出された価格が下方修正されます。そして、やがて大手ではないマンションデベロッパーによって買われます。

マンション価格に占める土地原価割合が高い都心マンションの場合、土地が安く取得できれば分譲価格に大きく反映できます。

しかし、変形敷地、小規模敷地、あるいは道路付けの悪い敷地上に造られる建物は、あまり恰好の良いものではありません。スケールも小さく、見栄えがしません。共用部も豪華で立派なものにはなりえません。

無理な設計をすることも多く、北向きの住戸がたくさんできてしまったり、半地下の住戸を設けていたりします。高級マンションのはずなのに、駐車場が2台しかないなどという例もあります。

つまり、こちらは工場地帯のマンションと異なり、場所ではなく建物の価値が低い物件となっているのです。

条件の悪さは将来も変わらない?

駅から遠い、周りは工場ばかりといった悪条件は将来変わるでしょうか？　言うまでもありませんが、駅からの遠さは未来永劫変わらないと思った方が良いはずです。

また、変形敷地や小規模敷地に建てられた小型で不格好なマンションは、建物が存続する間、価値を高める要素は生まれにくいものです。

このようなマンションの売却は困難です。分譲時は価格の安さで買い手を集めることが可能ですが、中古になると難しくなるからです。

新築分譲の時は、大々的なキャンペーンを行います。メディアを総動員し、ときには有名人をキャラクターとして登場させて関心を引きます。攻勢をかけるわけです。

中古になると、これらが一切ありません。中古市場の片隅にひっそりと置かれるというイメージで、販売は受け身になります。

その中で買い手を集めるには、魅力的な価格を提示することが必須です。つまり、立地条件に優れたマンションや恰好の良い上質なマンションが、新築並みの価格を維持し続けているのとは対照的に、より安く目立つようにしなければならないのです。

ところが、多くの人々は購入価格が安ければ将来の売却価格が低くても、損失は大きくないと考えてしまうようです。言い換えれば、安く買ったのだから損はないという錯覚です。

しかし、実はそうではないのです。分かりやすく説明すると、100円で買った商品は20年先に50円になり、1000円の商品は逆に1500円になるといったことが不動産では普通の現象です。

適当な比喩ではないですが、極論すれば、売り物がほとんど無い「銀座」の土地には、どんなに高くても買い手が集まり、どんなに安くても北海道の原野には買い手がつかないのと同じです。

安さに飛びついてはいけない

ある日、駅から遠かったマンションの前に新駅が誕生したら、値打ちは一気に上がることでしょう。工場地帯が急変し、住宅地に完全脱皮できたら、それも価値を向上させることでしょう。しかし、そのような可能性は夢のような変化です。

高い物は希少な物だから高いのであって、将来もその希少性が持続すると考えられるならば、価格は維持されるのは当然です。

対照的に、安いのは人気がないからです。これは経済原則です。安さに飛びつくと、後で大きな損を被ります。「安物買いの銭失い」を地で行ってしまうと言い換えましょう。安さに飛びつくことは避けなければなりません。

THE APARTMENT DICTIONARY

資産価値の高いマンションの選び方

資産価値の高いマンションを選ぶときの考え方、選び方の順番をお話ししましょう。

①第一に、街を選ぶことから始めます。

誰でも事情・制約があって、希望エリアはまちまちですし、その街が資産性の観点では必ずしも有利とは限りません。また、そんなことは端《はな》から考えていない人もいます。「たとえば長くここで暮らしてきたから」というだけの街選びをしてしまう人です。できたら、リセットして場所を考え直すことをお勧めします。

様々な事情はあるでしょうが、可能な限り価値ある街を選びましょう。無論、住んだことのない街も候補に入れるべきです。そして、実際に足を運び検討するのです。新築マンションの紹介サイト（HP）を見ると魅力的に感じるものですが、見ると聞くでは大違いの街であったりします。

いいなと思ったら候補に入れればいいでしょうし、知人が住んでいる街なら感想を聞いてもいいでしょう。雑誌ＳＵＭＯによく掲載される「子育てにいい街」とか「将来性がある街」といった記事に目を通すなどして研究を重ねるといいですね。

②街が決まったら、次はマンション探しです。

その街（駅）には、どんなマンションがあるのか、新築も中古もリストアップします。最近は魅力的な街ほど新築の供給が途絶えていますから、中古をマークするほかないかもしれません。

③最後は「住戸」を選ぶことです。

住戸は、中部屋よりは角部屋、下層階よりは上層階、狭いよりは広い方が良いのですが、予算との折り合いをつけながらになるので、妥協は仕方ない所です。

日当たりは最も大事な要素ですが、眺望も重要です。家は、気持ちよく過ごせるかどうかが大事なので、日中は二人とも家にいない夫婦でも、休日の過ごし方を考えたとき「日当たりがいい」と「遠くまで見渡せる」は軽視できない要素になります。売却の際にも、見学者が「素敵」を連発する要素が多いほど高く売れることにつながります。

以上の三段構えで進みます。マンションを買うのは、たまたま通りがかったモデルルームを見て気に入ったとか、チラシがポストに入っていたからといった偶然が縁となって購買を決してしまうということもあるでしょうし、それを否定するわけではないのですが、「資産性」を考えるなら、偶然の出会いが良いとは言えないのです。

衝動的に、深く考えず買ってしまったという御仁もいますが、長期的な人生設計をする人とは言えないのではないかと思います。筆者も、若いときは刹那的な生き方をしていたようなところがありましたが、マンション業界に身を置いたことが幸いしています。

どんな生き方がいいかなどを語る気は毛頭ありませんが、マンションの資産価値は老後の生活を左右するのです。やはり、可能な限り資産価値に目を向けつつ選択するべきです。

筆者は、マンション選びの優先順を「街」↓「マンション全体」↓「住戸」と主張しています。できるだけ人気のある街で買いたいものです。そう言い続けて来ました。人気のある街は、マンション需要も多いことを意味します。

人気のある街は「駅力」で表わすことができます。駅力については第3章で述べました。

THE APARTMENT DICTIONARY

新築か中古かが決まる23の比較ポイント

新築が良いとは思うが、中古もメリットがありそうだ。しかし、不安もある。探し方も、中古はよく分からない。こうした声にお応えして新築と中古を23の項目で対比してみました。

①価格

新築……高いのが普通です。安ければどこかに欠点・弱点があるものです。

中古……安いのは築年数が長いものに限られます。築浅の物件は新築並みと思った方がよいでしょう。

築20年を超えた物件の中に、新築時から住み続けた人が一度もリフォームしないまま売り出しているケースもあり、そのようなものは購入後のリフォーム代を計算するとお買い得とは言えないので、「安いから」だけで探しても当てが外れると思った方が良さそうです。

②価格交渉

新築……売れ残り物件以外は受け付けてもらえない。

中古……買主が指値（価格交渉）をするのは普通のことで、売主も当然と受け止めるものと考えてよいのです。売り出し価格を決める際には、「値引きしろ」を5％程度は乗せていると思って間違いありません。

③物件代金以外の諸費用（登記料・ローン保証料など）

新築……修繕積立基金（一時金）が必要なのは新築のみ。

中古……不動産業者所有の物件以外は仲介手数料がかかる。リフォーム費用がかかる物も多い。中古の方がトータルでは高くなると思って間違いない。

④固定資産税（土地＋建物）

新築……新築マンションの場合、建物部分の課税は5年間に限り半分に軽減される。なお、建物は完成後に課税されるので引き渡しの翌年からの納税となる。

中古……築年数によるが、新築より安い。

⑤修繕積立金

新築……初年度の設定は安く、５年か10年ごとに増額される計画になっている例が多い。

中古……築年数が長いほど高額に設定されているのが普通。

⑥住宅ローン

新築……低利で物件価格の１００％まで可能。金利は融資実行時になるので、完成時期が１年後、１年半後などと長いケースは金利上昇のリスクを負う。なお、基本的に優良な建物（長期優良住宅など）は金利も安くなる。

中古……物件価格の１００％に諸費用まで加えて融資を受けられる場合もあるが、あくまで銀行の査定による。引き渡しまでの時間が短い場合が多いので、金利上昇によって生活設計を大きく狂わされることはない。

⑦住宅ローン減税（２０１９年の消費税上げを踏まえて改定になる可能性があります）

新築……期間10年以上の住宅ローン利用者は、年末借入残高の１％以内で最高40万円を、10年間、合計で４００万円を最高額として所得税・住民税から控除される。優良マンションは50

万円・500万円となる例も。

中古……売主が個人の場合の年末ローン残高の上限は2000万円まで。控除額は最大20万円。期間は築後25年までの建物という規定があるので、たとえば築20年のマンションでは、控除期間は5年のみとなる。ただし、省エネ改修工事やバリアフリー改修工事を施したリノベーション物件は年数制限が外れ、年額20万〜25万円を限度に所得税から控除される場合がある。

（変更になる場合があります。詳細は税務署等でご確認ください）

⑧建物外観・共用部のきれい度／管理状態

新築……建物の美観は優る。モデルルームの演出も感動的。一気に購買意欲が掻き立てられる。管理状態に関しては、売れ残りマンション以外、目視で確認することはできない。

中古……外観やエントランス、廊下等が古ぼけていたり、室内も汚かったりというケースが多く、見学時の感動が薄い。ただし、室内からの眺望が感動的という場合がある。また、建物は古くても敷地内の植栽が大きく育ち、緑豊かな空間が感動を呼ぶ例もある。

※レトロ好きな人もあるが、日本人の多くは古い物より新しい物を好む傾向が強いとされます。新しいものは良いものという先入観もあるので、一目で古いと分かると購買意欲は落ちるものです。こうしたものを先に見てしまうと、部屋に到着する前に気持ちが萎えてしまいま

す。

室内の見学前に必ず目にするのが外観であり、エントランスやロビー、エレベーター、共用廊下です。定期的に清掃や改修を実施していても、新築と同じようには見えません。

管理状態に関しては、実際の管理状態を目視で確認できるほか、修繕履歴や修繕積立金の残高、管理費等の滞納状況などを知ることもできます。

なお、新築マンションでは100％が「長期修繕計画」を立案してから販売に当たりますが、中古では計画自体が存在しない例も30％くらいはあります。

⑨室内のきれい度

新築……実際以上に綺麗・素敵に見えてしまいます。家具・調度品、インテリア備品で飾り立てて見学者（買い手）を迎えるからです。

中古……中古マンションの多くが、壁が黄ばみ、浴槽に湯あかが着き、ガスコンロは油まみれになっていたりします。こうした光景を目にすると、見学者の購買意欲が高まることはないでしょう。

これらを補って余りあるもの、たとえばバルコニーから見える景色が感動的であったようなときは印象が薄らぐはずですが、そのような幸運に出会うこともあります。

中古マンションでも、リフォームやリノベーションを施すことによって新築マンションに劣らない感動を呼ぶ例が最近は増えています。また、室内を新築のモデルルームのように飾る「ホームステージング」というサービスも登場しており、変化が見られます。

⑩設備

新築……便利で省エネ効果の高い最新設備が期待できる。共用部も防災関連の設備などが定番に。ディスポーザーは新築でも付かないものは少なくないが、食器洗浄乾燥機や浄水器は大半のマンションで装備されている。

中古……後付けできないディスポーザーなど、新築に比べると見劣りする物件が多い。浴槽のまたぎ高は、新築マンションなら４５０㎜前後が定番だが、中古マンションは６００㎜タイプが多いことに加えて、浴室内のデザインも「お洒落感」はかなり異なる。

※テレビモニター付きのインターホンが１００％近くまで普及したマンションですが、モニターの画像がカラーか白黒かというと、築30年クラスはほとんど白黒です。

また、結露ができにくいことで知られる断熱効果の高い複層ガラスのサッシは、築10年未満の比較的新しいものを除くと中古マンションには見られないものです。

⑪間取り

新築……平凡な田の字型が多い昨今ですが、工事の進捗状況によっては無料の変更プランを選択できる。カラーやキッチンの高さを選択できるケースも。

中古……最近少ない優れた間取りにお目にかかることもある。バルコニーの出幅は最近の定番である2mは少なく、中には1m〜1・2mという狭い物件も多い。

⑫天井高・サッシ高

新築……リビングルームや寝室の天井高は2500㎜以上が普通。ただし、部分的にできてしまう「下がり天井」の圧迫感を想像できず、完成内覧会で落胆させられることも多い。リビングルームのサッシは、2m高、2・2m高が一般的になっており、開放感が大きい。

中古……古いマンションの天井高は2400㎜以下が普通。リビングルームのサッシ高も1・8mしかないというものもある。

⑬バリアフリー

新築……室内の床段差はほとんどないので、つまずいて転倒などという事故は起こらない。

今は当たり前になっている。

中古……築20年以上のマンションでは、廊下から洗面所に入る所で100㎜～200㎜の段差のあるものが多数見られる。

⑭耐震性

新築……建築基準法の耐震基準は、震度6強の巨大地震に襲われても倒壊・破壊せず、人命が守られる強度を指定している。従って、すべての新築マンションは心配ないことになる。より優れる耐震性（揺れを軽減）を誇る「免震構造」や「制振（震）構造」もある。

中古……新しいマンションは対策がしっかりなされているが、古いマンションは十分ではないという先入観を抱く人もあるが、1981年（昭和56年）以降に建築確認（許可）を受けたものであれば、新築マンションと差はない。1981年以前の許可マンションは、旧・耐震基準で建設されたため、耐震性能が十分ではない例が多いので、注意しなければならない。

※1981年建築確認以前の古い中古を検討するときは、専門家の診断を受け、「耐震性合格」となっているかどうかの確認が必須です。

なお、リノベーション物件には、旧耐震基準の時代に建てられた物件が多いので、見た目の綺麗さに目を奪われない冷静さも大事です。

⑮耐久性

新築……適切なメンテナンスをしながら住めば、コンクリート寿命は60年以上とされるが、最近は100年コンクリートが誕生し、施工上の工夫もあって、より長寿命のマンションが増えている。住宅性能評価を受けている物件では、「劣化対策等級」の項目で最高ランクの「3」を取得しているマンションが多い。

中古……築20年以上の古いものを検討する人が抱くものに、「あと何年ここに住めるのだろうか」という不安があります。マンションの耐久性はコンクリートの寿命だけで論じることはできません。給排水管やエレベーター等の設備の寿命は短いからです。そこで、何十年か経てば交換工事は不可欠です。その計画が、費用とともに適切に立案されているかを確認することが重要になります。

⑯遮音性

新築……寝室の隣にトイレや浴室がある場合、使用のたびに目が覚めるなどということがないよう、遮音性を高める設計になっているのが普通。

中古……築30年以上の古いマンションには遮音性の低いものが存在する。排水音の防音対策が不十分。しかし、そのレベルを内覧時に確認することも、詳細な図面を見ることも困難なものです。そこで、２回目の内覧のときには思い切って水を流すなどして確認させてもらいましょう。

また、一般に水回り部分が接している側の壁のお隣は、同じく水回りに接しているものです。つまり背中合わせになっているのですが、稀に寝室の壁の向こうがお隣の水回りという例があります。このような関係にある住まいはリスクが大きいと思った方がよいでしょう。

⑰見学範囲と建物の確認

新築……モデルルームと建設地の外回りのみ。実物を見られるのは完成してからも販売中という物件になるわけで、どちらかと言えば例外的です。多くは、図面から完成形を想像して購入することになるのです。それが、完成後に「あれっ？」という違和感を覚えることに繋がっています。

聞いていた説明、あるいは勝手に思い込んでいた姿との相違を発見するためです。担当者の説明不足や過失・故意がトラブルに発展することもよくある話です。

中古……中古取引は「現状有姿《ゆうし》」が原則となっています。後で知らなかったと言っても手遅れなので、目視ですべてを確認することが不可欠です。室内も共用部も、可能な限り時間をかけて検査しましょう。

⑱取引の安全性（アフターサービス・瑕疵担保責任）

新築……売主が一定期間のアフターサービスを行う。半年・1年・2年といった定期的な点検を実施するのも定着している。躯体《くたい》・構造に関する重大な瑕疵《かし》（雨漏りなど）については、10年間の瑕疵担保負担に応じてくれる。

※10年間の瑕疵担保責任は、2000年の法律制定により、売主に義務付けられました。売主が倒産したようなときには、瑕疵担保履行保険がカバーすることにもなっています。

中古……個人の売主が圧倒的に多く、瑕疵担保責任は免責されます。見たまま（現状有姿）の取引が原則ですが、ガスコンロや電気設備等に関しては、3～6か月の短期間ではあっても売主または大手仲介業者が負担に応じるのが一般化しています。

なお、築10年未満の物件でも、分譲主の「躯体・構造に関する重大な瑕疵の10年責任」は最初の購入者までが対象であり、転売先までは責任が及ばないとするのが原則です。

⑲検討スピード

新築……発売の数か月前から予告広告を開始するので、余裕を持って検討できることが多いが、売れ残り物件の「先着順受付中」のタイミングにあれば検討時間は短くなる。

中古……内覧の順に商談の優先権が与えられるが、内覧前の段階では先着順なので、たちまち「売り切れ」になってしまうことも。広告を見て興味を覚えたら、直ぐにでも内覧希望を仲介業者に申し入れるといったスピードが要求される。

⑳物件の詳細な内容の把握

新築……担当物件に精通した専任営業マンが詳細な資料を携えて物件の情報と関連知識を提供してくれる。模型や映像の販売ツールも用意され、安心感を与えてくれる。

中古……古い物件ほど資料が散逸していたり、最低限度のものしか残っていなかったりするので担当者も詳細を知らないことが多い。とりわけ、見えない部分の品質が分からないことも多いので不安が残るもの。

㉑流通物件数

新築……中古に比べると圧倒的に少ない。ただし、1物件内での選択肢は広い（階・間取り・方位など）

中古……物件数は新築より断然多い。ただし、同一マンションから一定期間に何十戸も売り出されることはない。

㉒住み心地

新築……何もかも新しいので快適に過ごせる部分が多いものの、未完成の段階で出来上がりを想像しながら購入することになるため、問題に気づかないまま引き渡しを受け、想像していた快適さを得られないことも。

中古……管理状態から、眺望・日当たり・環境・上下階と両隣の騒音の有無などを確認して購入することができるので、新築に劣らない快適な暮らしを送れるとも言える。

㉓近所付き合い

新築……全員同時スタートの同級生気分でお付き合いがしやすい。

中古……転校生気分なので、しばらくの間、疎外感を味わうことになるかもしれない。ただし、時間が解決してくれるものでもある。最近は管理組合が様々なイベントを企画したりするのでコミュニティ形成が進むものでもある。

THE APARTMENT DICTIONARY

契約トラブルに巻き込まれないために

2015年秋に発覚した、横浜市の「杭工事欠陥マンション（傾斜マンション）」事件。全棟建て替えとなった、この重大事件とは別に、購入者を困らせる問題はよく起こります。筆者に届くご相談も契約上のトラブルに関するものがときどきあります。関わった事例から5件を紹介します。頭の片隅に残しておきましょう。

トラブルの事例集

事例①　強引な営業手法で契約を誘引

契約は1日待って欲しいという買い手の要望をはねつけ、自宅まで印鑑と通帳を取りに行かせて売買契約の締結まで追い込んだ営業マン。

事例② 説明の欺瞞による顧客誘導

分割分譲の1期に希望の住戸がないので今回は見送るという買い手を、次期は価格が大きく上がる予定との説明によって希望と異なる住戸で契約させられた。ところが、ふたを開けると価格は同面積で20万円しか違わなかった。その住戸に契約変更を要求したが一切応じてくれず、そのうちに希望住戸も他の買い手と契約してしまった。

事例③ 商談順位一番の買い手を裏切り、後順位の買い手と契約

中古マンションの売買において、売主の言い値そのままに購入意思を明確にした後、住宅ローンの事前審査も通り、あとは契約締結の日時を決める段になったにもかかわらず、後順位の申込者と契約をしてしまった。仲介業者は、売主が買い手を選んだと言い訳。理由は不明。

事例④ 近隣の新たなマンション建設で日照被害

契約から3か月もしないうちに近隣にマンション建設の告知。その計画を売主は知っていた可能性が高いのに説明は欠落していた。契約の解除をしたいなら手付金は没収と言われた。

事例⑤　土砂災害危険区域の説明が欠落したままで契約

物件の近隣エリアが危険区域であったが仲介業者は確認を怠り、重要事項説明書に記載していなかった。後日そのことに気付いた買い手が解約を要求し、最後は売主も応じたが、ストレスに苦しめられ、時間もかかった。

契約上のトラブルで勝てない買い主

事例⑤は、最終的には無事に無償解約に至ったので、どちらかと言えば例外に近いものです。というのも、ほとんどのケースは買い手の泣き寝入りになるか、手付金の放棄かのどちらかになってしまうからです。

新築の売主であるデベロッパーにせよ、中古を斡旋する仲介業者にせよ、マンション販売に関わるプロは宅建業法などの法律を遵守しています。不動産業は別名「クレーム産業」と卑下、もしくは揶揄されて来た歴史を持っているだけに、いわゆるコンプライアンスに関しては昔から堅実な業界です。

法すれすれの仕事（主に営業）は存在するものの、一線を超えることはほとんどないのです。トラブルの元になりそうなことは、必ずどこかに表記していて、そこをよく見なかった買い手が悪いという結末になりやすいのが現実です。

事例④の日照被害でも、商業地には日影規制はないので、買い手は新規のマンション建設を反対できないことはもとより、購入したマンションの売主に対して「そんなの聞いていない」とクレームをつけたとしても、「近隣の環境は、合法的建築物によって将来変わる可能性があります」という重要事項説明書内の文言を指して対抗して来ます。

事例②の第2期の価格が上がるという説明も「あくまで予定なので、変わることもあります」と逃げられたのです。担当者が、「具体的に○○○万円上がる」と言った覚えはないと白を切るばかりの卑怯さを平気で押し通す始末。

しかし、価格表などのコピーをくれたわけでも、ボイスレコーダーで証拠の声を記録していたわけでもないので、最後は泣き寝入りです。事例①の場合も、契約書に記名・押印してしまった以上、法的にはどうしようもないのです。

つまり、まともな方法（正攻法）では勝ち目はないと言わざるをえないのです。筆者の経験では、法律闘争でない世界に売主を引きずり出すことで買い手の損害を最小限にすることは可能ですが、解決までの時間はストレスも溜まって慰謝料を請求したくなるものです。

〝こんなはずではなかった〟の数々

契約してから気付いても遅いので、注意すべき点をお伝えしましょう。ここはとても重要です。

①電線の位置

電線の位置を外観パース（完成予想図）に書き込んでいる例は見たことがありません。完成済みの物件では起こらないことですが、完成内覧会でリビングルームの正面に無粋な電線が走っている事例に遭遇したことがありました。このようなケースは、興ざめするだけでなく価値も下がるというものです。

価格表と間取り図ばかりに集中すると、気付きにくい問題です。

②下がり天井の高さと幅

飾り天井として美しいものは別ですが、単に排気ダクトのためや大梁のために下がっているという部分が目立つ天井は、でこぼこしているだけで美しいものではありません。圧迫感となって快適性を損なうことも多いものです。

下がり天井の位置を平面図の点線並びに数字の表示によって確認することはできても、立体的にイメージするのは一般の買い手にとって至難のことです。

しかし、たとえば4・5畳大の洋室の真ん中あたりに、幅60㎝の下がり天井が40㎝も降りて来るようであれば、立面図はちょうど凹の文字に似た部屋となるのです。梁下寸法は2000㎜前後しかありません。その圧迫感は尋常ではありません。

下がり天井の位置が部屋の隅にある分には、家具の高さを注意すればすみますが、どのあたりに、どのくらいの幅で下がっているかを平面図で確認し、かつ立面図を描いてもらいましょう。

③エントランスホールの天井高

高級マンションのはずなのにマンションの顔たる玄関が貧相だと怒っていた買い手がありました。低層住宅街なので全体の高さが規制されている中、エントランスを2層吹き抜けにするなどはできない相談だったのかもしれませんが、完成したときの第一印象で大いに落胆するマンションとなっていました。

仮に、そうであることを最初から分かっていたら買わなかったかどうかは断定できませんが、優越感を味わいたい志向が強い人にはショックです。

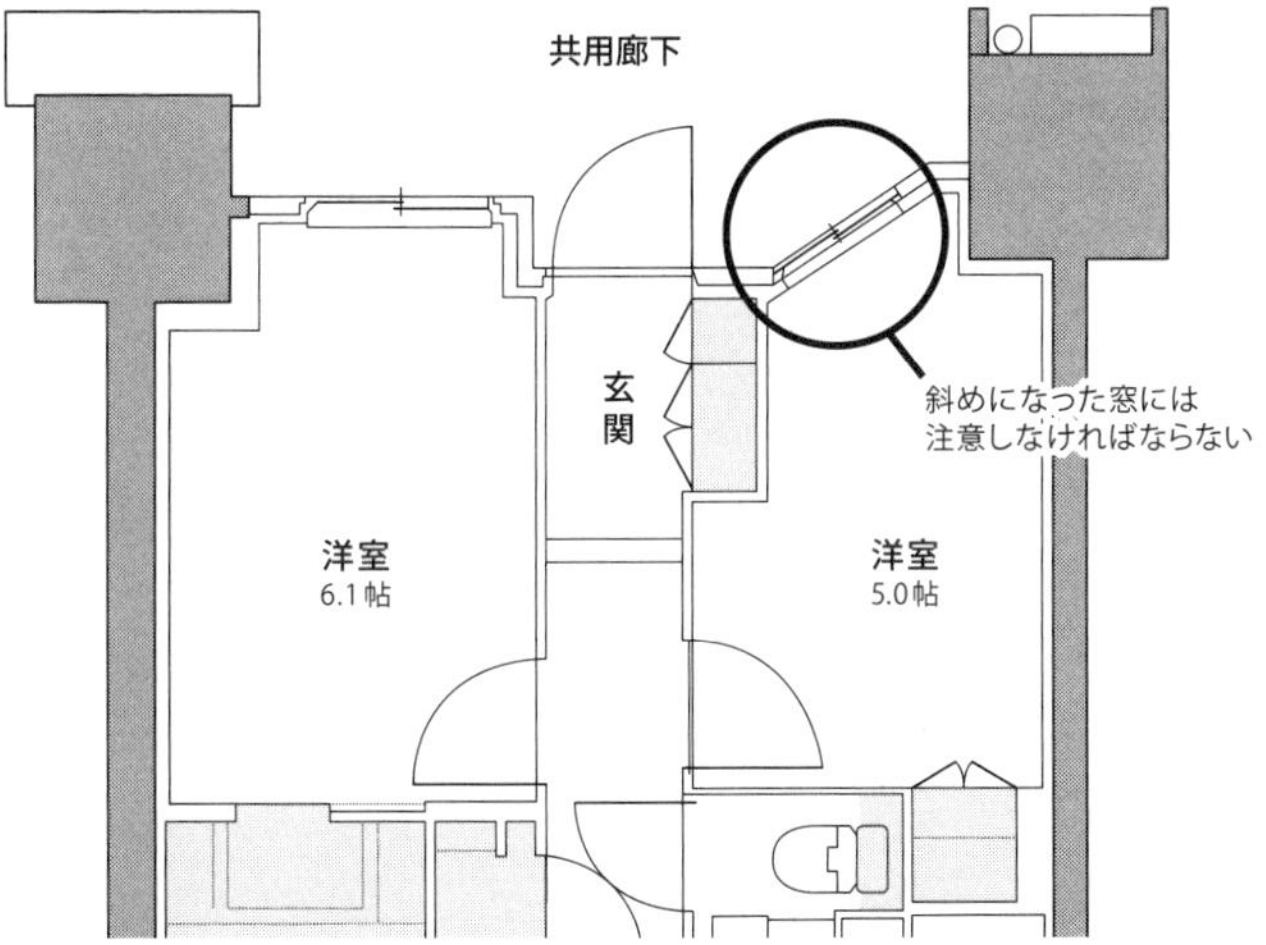

北向き寝室の採光基準のための斜め窓の例

④玄関ドア上部の天井高

各戸の玄関も同様です。ここはほとんどのケースで大梁が走っている場所ですが、中には梁下のドア高が低く、とても狭苦しい印象の玄関になっている場合があるのです。新居の完成を楽しみにしていた買い手を落胆させる残念な設計です。

⑤玄関側の寝室の採光

田の字型と言われる間取りには玄関側に寝室が2つレイアウトされています。その寝室が北向きであっても窓が大きければ外光が十分に入って来るのですが、昼間でも照明が要るというケースの方が少なくありません。

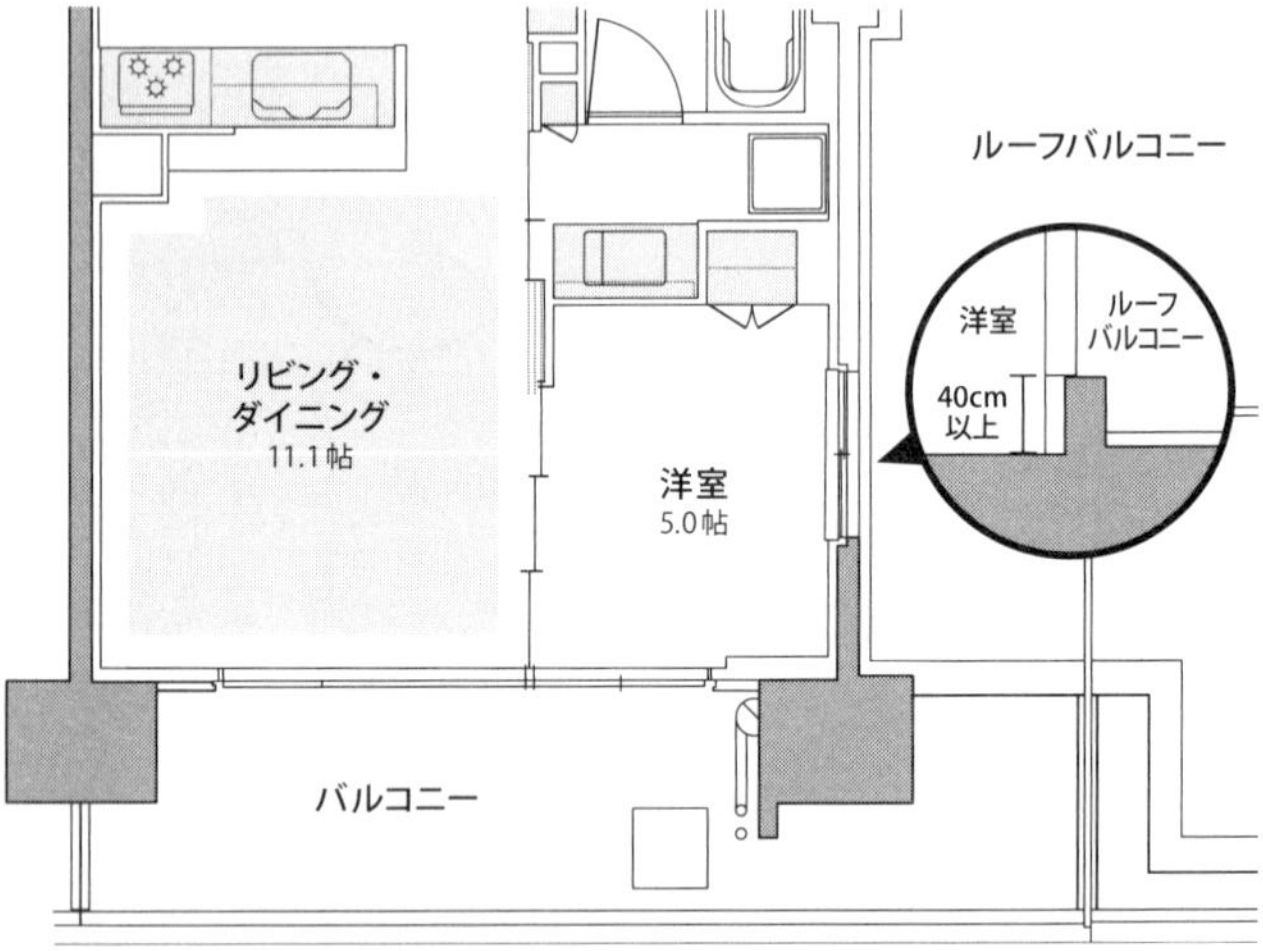

40cm以上のルーフテラスのまたぎ高の例

サービスルームという表示なら、法的な採光基準を満たさない「納戸」扱いになりますが、普通に洋室と表示されてあれば、最低限の光は入ることを意味しています。

問題は、最低限しかないという点です。目の前にエレベーターがあると、採光基準を満たさなくなるので、窓を斜めに取ってエレベーター塔を避けるのが常道ですが、それでも窓の正面にあると暗い感じは抜けきれないのです。できたら、斜め窓の洋室がある住戸は避けたいですね。

⑥ルーフテラスの出入り（またぎ高）

ルーフテラス（バルコニー）は、上部に庇がないため、雨の吹込みを防止するために室内の床とテラスをバリアフリーにする

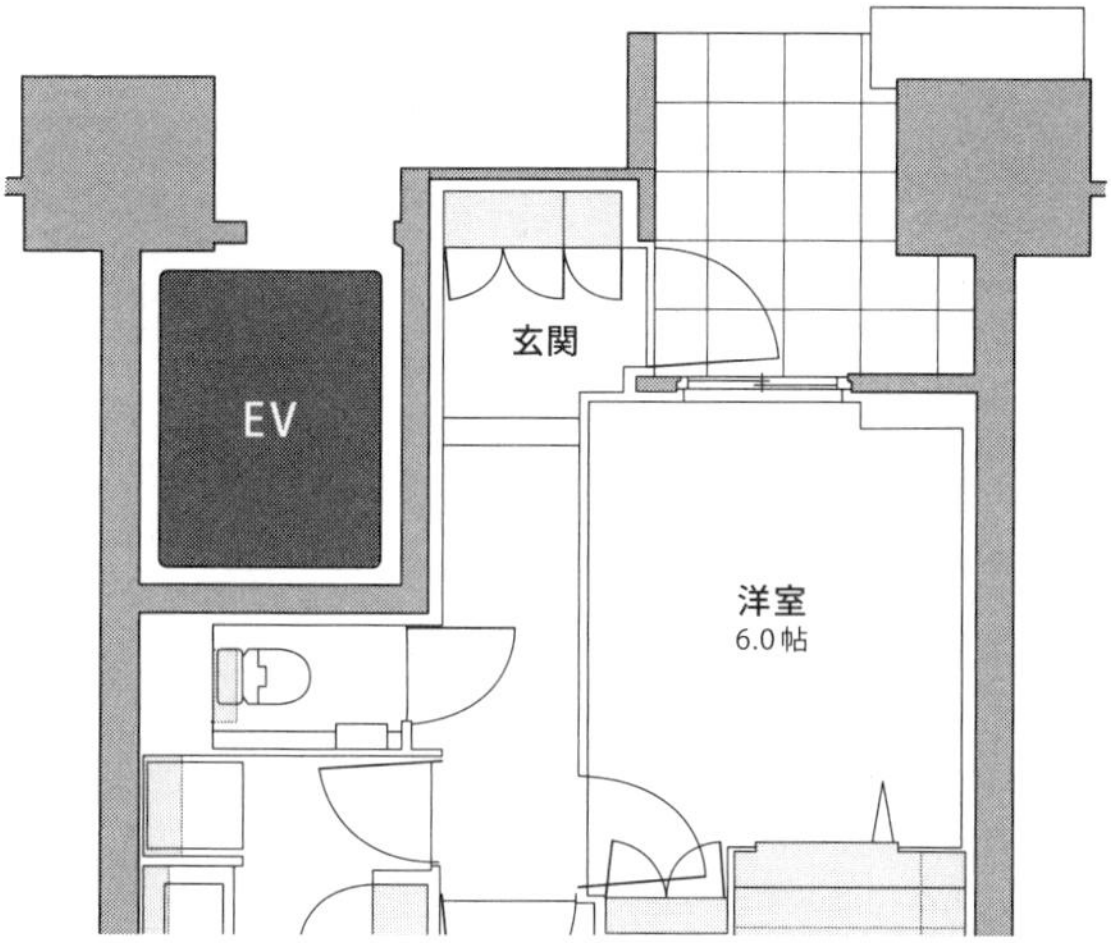

エレベーターに接する住戸の間取り例

ことができません。つまり、床からコンクリートを何十㎝か立ち上げてあります。

問題はその高さです。立ち上げられた部分をまたがなければ出入りができないので不便です。高さが浴槽と同じ45㎝程度なら許容範囲ですが、60㎝も70㎝もあったら、窓のそばの室内と場合によってはテラス側にも常にステップ（踏み台）を置かなければなりません。そんな不便なテラスでも、専有面積の同じ他の住戸より何百万円も高く販売されます。やりきれませんね。図面集には必ずまたぎ高が表示されています。見逃さないようにしたいものです。

⑦エレベーターに接する寝室

２ＬＤＫタイプに多いのですが、エレベ

ーターに接する住戸があります。その住戸は、エレベーターシャフトに接する面を前ページの図のようにトイレや浴室等の水回りで固め、寝室は配置しないのが常識になっていますが、稀に寝室が隣という間取りを発見します。

言うまでもなく、壁を二重にするなどの防音対策を施しているものですが、それでも完璧な防音はできないので注意しなければなりません。

⑧上下階・左右の音

他の住戸からの音漏れや音の伝播は、残念ながら完全に防ぐことはできません。住み手の生活ぶりによって異なるので、受忍限度を超えることもあり得るのがマンションです。

安普請の賃貸マンションや木造アパートに比べれば、遥かに遮音性能は優れていますが、期待度が大き過ぎると落胆の度も大きくなります。

入居したら、向こう三軒両隣、更に上下の隣人に挨拶することをお勧めします。顔を見知っているだけでも、お互いにトラブルは予防できるものだからです。

交渉で後悔しないために

商談では、念のためボイスレコーダー（レコード機能付き携帯電話）を準備しましょう。そして、声、メール、メモといった証拠になるものを残すようにすることが大事です。「言った・言わない」の問題が多く、結局は泣き寝入りになりかねないからです。

まさかと思うようなトラブルが、相手が大手業者であっても起きます。予防のためにお勧めします。

また、営業マンに何かを強要されてお困りのときは「親戚に詳しい者がいるので聞いてから返事します」と一旦かわしてください。ご相談くだされば、にわか親戚の筆者が即日または翌朝までにご返事します。

不動産って、そんなふうに警戒しつつ買わなければならないのかと、暗たんとした気分になるかもしれませんが、すべては安心・安全な取引のためです。

解約したいと思う事情・理由

さて、解約したいという理由の多くは「見学から契約までのスピードが早過ぎ、じっくり考える間もなく決断を迫られ契約してしまったが、とても後悔している」というものです。

どのような物件でも完全無欠はなく、どこか気に入らない部分、欠点、短所があるもので、そこを妥協、または軽視して決断するのが現実です。しかし、他人から見れば「そのくらいのこと」でも、あとで「やはり我慢できない」と思い直したりするものです。

また、「契約前には気づかなかった欠点」が契約後にクローズアップして来て「いやだ」となるケースも見られます。担当営業マンから説明はなかったので「聞いていない」とクレームをつけると、「図面集に書いてあります」とかわされ、確かに良く見れば小さな文字で表記されています。よく見なかった買い手が悪いと言わんばかりの対応に腹が立っても後の祭りというわけです。

THE APARTMENT DICTIONARY

情報は集めることより整理することが大事

筆者の偏見かもしれませんが、批判を恐れず書きます。インターネット時代になって情報集めは手軽になりました。しかも早いので、有難い話ではあります。しかし、インターネット情報は玉石混淆です。

正しい情報もあれば、悪意に満ちた情報、いい加減な情報、誇張した批判、ただの受け売り意見などが氾濫しています。情報洪水と言える状況です。これらの情報に振り回される人も多いのではないかと思います。マンション選びに関しても、間違った情報、誇張された情報、曲解された情報や意見、古い知識や偏見、固定観念、先入観が飛び交っています。これが、買い手を惑わせ、混乱に陥れるのです。インターネットが情報過多時代を招きました。簡単に情報が手に入るだけに、情報整理術が重要になったと言えます。

理想と現実のはざまでもがいている人にたびたびお会いします。一世一代の大きな買い物をするのだから失敗したくないと書物を何冊も買って読み、インターネット上の様々な情報を仕入れて勉強している人は、マンション購入者の中の大多数のはずです。

多くの専門知識を身にまとい、業界用語にまで通じている人もいます。市場の状況も下手な営業マンも形無しなほどに知っています。10件も20件も、最新の物件情報に関して細部にわたり把握していたりするのです。しかし、実はそこに落とし穴があるのです。

マンションに関する知識と情報に通暁しているのに（と、本人が思っているのに）、いつまでもゴールに達しないで、そのうち機会を失ってしまう人は少なくありません。このような人の失敗原因のひとつは、「知識と情報の洪水をかき分ける能力が不足している」か「情報整理が上手でない」ことにあるのだと思います。言い換えると、頭でっかち状態になっていて、「私は何でも知っている」を力に換えられない性分なのかもしれません。

数年前から「断捨離《だんしゃり》」がちょっとしたブームになっています。断捨離とは、不要なモノなどの数を減らし、生活や人生に調和をもたらそうとする生活術や処世術のことだと聞きます。マンション選びの場合に置き換えれば、たくさんの知識と情報を断捨離することが後悔しない選択の基礎的な条件ということなのでしょう。

世の中には、教養は豊かだが、それを人生にうまく活かせていない人がいます。それと同じです。何でも知っている割には、いつまでもマンション選びができないでいるからです。

マンション探しで迷ったときの整理術

東京圏の一部エリアでは、物件固有の条件によるとはいうものの、10年経っても値下がりしないどころか、値上がりしているマンションもあるのは確かですが、本来、建物は完成したときから老朽化が始まるのですから、経過年数によって価値が下がるのは当たり前と言えます。同じ中古マンションでも、値上がりするマンションと値下がりするマンション。この差は、どこから来るものでしょうか？　既に述べて来たことですが、それは、需要の多寡によって生まれる結果です。

東京の人気住宅地ではマンション開発が難しく、新築マンションは滅多に販売されません。いきおい、そこに住みたい人は中古へ向かうしかないわけです。その結果、人気住宅地の中古マンションは値が下がりにくいという傾向が現われます。

一方、首都圏でも10年で新築時の半分に下がってしまった極端な例が少なからずあります。これは、その地域における需要が供給を大きく下回るためですが、それだけでもありません。

その地域の中でも条件が特に良くない物件だからです。何がよくないかを一言でくることはできませんが、物件固有の条件によることだけは確かです。

需要の少ないエリアでは中古価格は下がりやすく、需要の高いエリアであっても、固有の条件によっては、やはり下がります。

どのような地域にせよ、少しでも高く売れそうな物件を選びたいものです。

とはいえ、条件が全部揃うマンションは中々ないものです。従って、あちら立てればこちらが立たずと悩み、迷う買い手さんは少なくありません。

駅近か他の条件かで迷ったら

そこで、優先順位を設けて後順位の枝葉末節部分は切り捨てるような選択態度が必須です。それでも簡単ではない現実があるようです。次のようなご相談事例が最近ありました。

「駅に近いことを優先するべきであることは分かるが、駅近物件には満足できるものがないと悩んでいる。そんなとき、駅から少々遠いこと（徒歩12分）を除けば満足度の高い物件を発見。駅近を優先順位のトップに掲げて探して来たが、それを捨ててても購入したい。だが、20年くらい住んだら売却するか賃貸する予定なので判断に迷う。あまり高くは売れそうにないし、賃貸するにしても家賃は高く取れない。が、環境も建物の内容もいい。どうしたものか」と。

このような場合、次のように考えを整理してみることをお勧めしたいと思います。

◎売却や賃貸は、20年以上も先のこと。そこまで予想するのは本来難しいことである。

◎住まいは何のためにあるのか？　日々の暮らしを豊かに送るための基盤ではないのか。駅から遠くても、さほど苦にならない程度なら、そちらを選択してもいいのでは？

◎20年後に売却するとき、値下がりは間違いないだろう。でも、下がり方が極端でなければいい。その許容範囲は、どのくらいだろうか。単純に金銭的な損得だけで判断してみる。20年マンションの価格は今、いくらかを調べてみたら大まかな予想はできるかもしれない。

◎20年後に購入価格の半分になったとする。しかし、住宅ローンは半分以上返済が進んでいるので、銀行の清算をしても手残りがある。少なくとも頭金以上の金額が残る。これなら損はない。仮に、売却せず賃貸したら、駅前物件ほど高くは貸せないが、ローン返済に充当できるくらいの額は取れそうだ。とすると、最終的にはローンなしの物件が残る。そのときに売れば、更に売値が安くなっても手残りは大きい。

◎仮に4000万円の借り入れをした場合、20年後に残金はいくらになっているかをネットのローン計算ソフトで計算してみると、35年返済、固定金利1・2%の場合、残債は1920万円。仮に頭金500万円で4500万円のマンションを購入した場合、20年後に半値の2250万円になってしまったら、ローンを精算すると手残りはわずか330万円だ。頭金500万円や初期投資の各種費用もあるので、半分も戻らない計算になる。

◎毎月の返済額11万6000円と管理費等を合計した金額が約15万円だから、これでは、賃貸マンションに住んだ場合と負担は変わらない。とするなら、賃貸マンションの方が良いかも。本当にそうなったとき、きっと暗澹たる気持ちになることだろう。しかし、そのままローンが終わるまで保有したとき、半値をさらに下回るとしても1500万円くらいにはなりそうなことに希望が持てる。

◎それに、家主に気兼ねして住む家とマイホームでは満足感はまるで違うではないか。

100点をつけられるような理想的なマンションはそもそも存在しない、必ず気に入らない点や懸念点が一つ二つはあるのです。このような例を参考にして、優先順位をつけながら自分の考えを整理しましょう。

予算で迷ったら

居住性も高く、かつ将来の資産価値も高い物件を望みがちです。しかしながら、それには予算を大幅に上げなければならない場合も多いことでしょう。それが可能な人は、値下がりの小さい都心の人気エリアに求めればよいですが、簡単に行かない人はどうしたらよいのでしょうか？　このような場合は、次のように方針を決めて探すというのはいかがでしょうか？

◎そもそも家を買うのは何のため？　老後のことを考えたら賃貸マンションで良いわけがない。それに家賃が勿体ない。だから家は買う。この考えをしっかり固めておく。

◎マイホームは、日常生活がしやすいこと、快適な暮らしが基本。通勤・通学の便が良いこと、子供のいる家庭では子育てがしやすい環境にあること等が大事である。

◎住宅ローンに追われるようなストレスはない方がよい。つまり、無理な資金計画のもとに買ってはいけない。

◎駅近で、かつ広い住戸を求めても無理と分かったら、広さを我慢して駅近を選択する。我慢の範囲は、現状の住まいにプラス10㎡（例）と定め、欲張らない・高望みしないこととする。

◎我慢できる広さの物件がないときは、駅からの距離を少しだけ妥協するが、バス便だけは避け、徒歩10分を許容限度と定める。または、中古物件を探す。立地を優先する。これは、将来の売却価格が下がり過ぎないことを考慮した選択である。

◎売却の時期は10年以内を目安とし、その間の暮らしに支障がない広さでいい、次にランクアップすればいいと割り切る。

新築と中古で揺れ動いたら

新築が高いので、中古に方向を変えてみたが、良い物件に出会えないまま1年が経った。振り返ると、いいなと思った物件もあったが、一足違いで買えなかったり、良さそうに思った物件は内見に出かけてみると、目の前に隣のマンションが壁のように立ちはだかっていたりと縁がない。

ときどき新築に戻ったりもしたが、高過ぎると思った。中古は、新築に比べると設備は古いし、わくわくする気持ちがわいて来ない。リノベーション中古も見たが、新築のモデルルームのような感動を味わったものの、築年数が40年と聞いて怖いと思った。

このような人は、次のように整理してはいかがでしょうか？

◎中古で良さそうな物件を見つけたら、リフォームを前提とする。つまり、室内に関しては端から期待しない。ただし、全面的なリフォームではなく、間仕切りは壁紙を貼りかえる程度に抑え、一部の設備を交換するだけと割り切り、リフォーム予算は300万円、500万円などと決めておく。

◎中古物件の候補地を複数決めておくが、駅から徒歩5分以内を厳守する。

◎建物は、ブランド力にはこだわらないが、少なくとも100戸以上の規模があり、外観デザインに優れたものとする。

◎築年数はできたら新しい方が良いが、20年くらいまでは良しとする。

◎バルコニー前面の建物まで30メートル以上の距離があること、もっと近くてもいいが、その代わり屋根を飛び越えて遠くを望めることを条件にする。

◎見学に行っては裏切られることの繰り返しだったので、物件紹介サイトに眺望写真が載っているもの、若しくはグーグルマップで隣接マンションとの距離感をチェックして問題なさそうなものだけを見学する。

◎場合によっては3階以下の住戸は候補から除外する。

◎新築も諦めないが、竣工時期が1年以上先であるとか、価格が未発表の物件は候補から外す。

モデルルームに騙されるな

「恋は盲目」と言いますが、それと同じ状態の検討者にお会いすることがあります。

建設地が「普通で嫌悪感がない」ときに起こるようです。建設地を確認して気持ちが後退してしまうような場合は冷静になれるものですが、建設地の雰囲気が特に印象に残らない「普通の場所」の場合は、モデルルームを見て感激し、一気に購買意欲は盛り上がるのです。

印象に残らない普通の場所なら、買ってしまったとしても大きな失敗にならないかもしれませんが、雰囲気が良いだけでは良い立地とは言えませんし、建物もモデルルームが素晴らしいだけでは価値あるマンションとは言えないのです。

しかしながら、モデルルームを見るのが初めてだったり、初めてでなくとも前のモデルルームとの違いに大きな感動を味わったりすると、舞い上がってしまい他が見えなくなるものです。

「こんな素晴らしい人に会ったのは初めて」と感じた瞬間に恋心が沸き上がるのと同じで、素晴らしい演出がなされたモデルルームを目にしたとき、盲目になるのです。

マンションの価値を決めるのは、室内の設備やインテリアではないのです。無論、それも価値の一部ではあるのですが、もっと大事なものがあることを、うっかり見落としてしまいます。優先順位は別のところにあるのです。

自分たちの感性にフィットするモデルルームに一目惚れして買うことをいけないとは言いませんが、結婚相手を決めるときに大事なことは見た目の良さだけでないのと同じで、買おうとしているマンションのどこを見て買えばいいのか、そこを忘れてはなりません。

しかし、痘痕《あばた》も笑窪《えくぼ》状態に陥り、視野が狭くなっている自分に気づかない人は、営業マンの押しの強さに負けてふらふらと契約をしてしまったりします。契約してしまったら手遅れです。解約するには手付金を棄てるしかありません。

気に入って買い、快適に住んで行けるなら何も問題はありません。つまり、痘痕ではないのですから。ところが、契約してからしばらくして間違いだったかもしれないと気づく人も多いのです。中には、建物が完成して内覧会に行って気付くこともあります。そして後悔します。

どんな後悔でしょうか？　本章「契約トラブルに巻き込まれないために」でご紹介したこと以外の例を挙げてみましょう。

◎こんなに天井が低いとは思わなかった
◎ルーフテラス付きのマンションを買ったが、使い道が少ないと分かった
◎男の子がいるので1階を選んだが、庭が意外に狭く、目隠しの植栽も鬱陶しいと感じた
◎隣の家の屋根がこんなに近いとは思わなかった
◎エレベーターの速度がとても遅いと感じた
◎タワーマンションを買ったが、朝はいつも5分待ちを強いられる
◎裏を走る電車の音が反響して来るとは思わなかった
◎契約後に他と比べたら管理費が随分高いことが分かった
◎長期修繕計画書をもらったが、20年後の修繕積立金が5倍に跳ね上がることを知った
◎管理費が安いのは魅力と思ったが管理人不在の巡回管理だった
◎駅前で便利だけど、若者がたむろする場所があって夜はいつも騒がしい
◎駅から5分の高台にあるのはいいが坂道なので夏はいつも汗だく
◎感動が薄くなった高層階の景色
◎広くて豪華なロビーが子供の遊び場になってしまった
◎北向きマンションの冬の寒さに辟易する

◎角部屋の欠点は壁が少ないため家具が置けないことでした
◎角住戸比率が高いので価値があるマンションと信じたがペンシルビルだった
◎ホテル並みの内廊下というフレーズが心地よかったが、狭くて豪華さからはほど遠かった
◎5年経って気付いた「小学校が徒歩30分と遠い」こと
◎10年経って気付いた「相場の2割高マンション」であったこと

THE APARTMENT DICTIONARY

コンパクトマンションという名の怖い物件

単身者からのご相談がときどき届きます。ご相談のマンションの広さは40㎡台が多く、広くて50㎡台、つまりコンパクトマンションです。多くは中古物件です。これら候補物件の資産価値についてのご心配を綴ったメールが目立ちます。

10年か20年で転売する可能性が高いので、10年または20年後の価格を予想して欲しいと綴っていることもあります。男性が多いのも最近の特徴です。一般論として「コンパクトマンション選びの注意点」をお話しします。

コンパクトマンションの定義

業界に定着している「コンパクトマンション」の定義は30㎡～50㎡くらいまでの面積の、間取りで言えば、ワンルームよりは広いが2寝室を取ると苦しい広さのマンションです。二人家族が住めないこともない広さの上限と言えましょう。

30㎡未満のワンルームマンションと50㎡以上のファミリーマンションとの間に位置づけられますが、1990年代後半くらいからでしょうか、晩婚化と非婚者の増加、女性の社会進出などを背景として単身者のニーズが急増し、マンションデベロッパーとしても無視できない需要ボリュームに拡大したのです。

ちなみに、単身者の市場における占有率は、リクルート社のマンション契約者調査によれば、2015年調査では10・3％ですが、調査開始以来の最高が2004年で14・9％でした。このところ減少傾向にあるようです。

間取りは広めのワンルームか1DKから、広めでは2LDKとなっていて、デベロッパー各社は単身者ニーズを研究しながら、それに応えようとして来ました。

代表的な間取りでは、次ページのようなものが挙げられます。

①パークコート麻布十番ザ・タワー　42・32㎡

キッチンを独立型にしたのが特徴的です。洗面台下部に洗濯機を組み込んで効率的で美しいパウダールームを実現しました。玄関のシューズインクローゼットをはじめ、収納にも配慮していますし、寝室は扉をフルオープンにできるという、秀逸な1LDKプランと言えましょう。

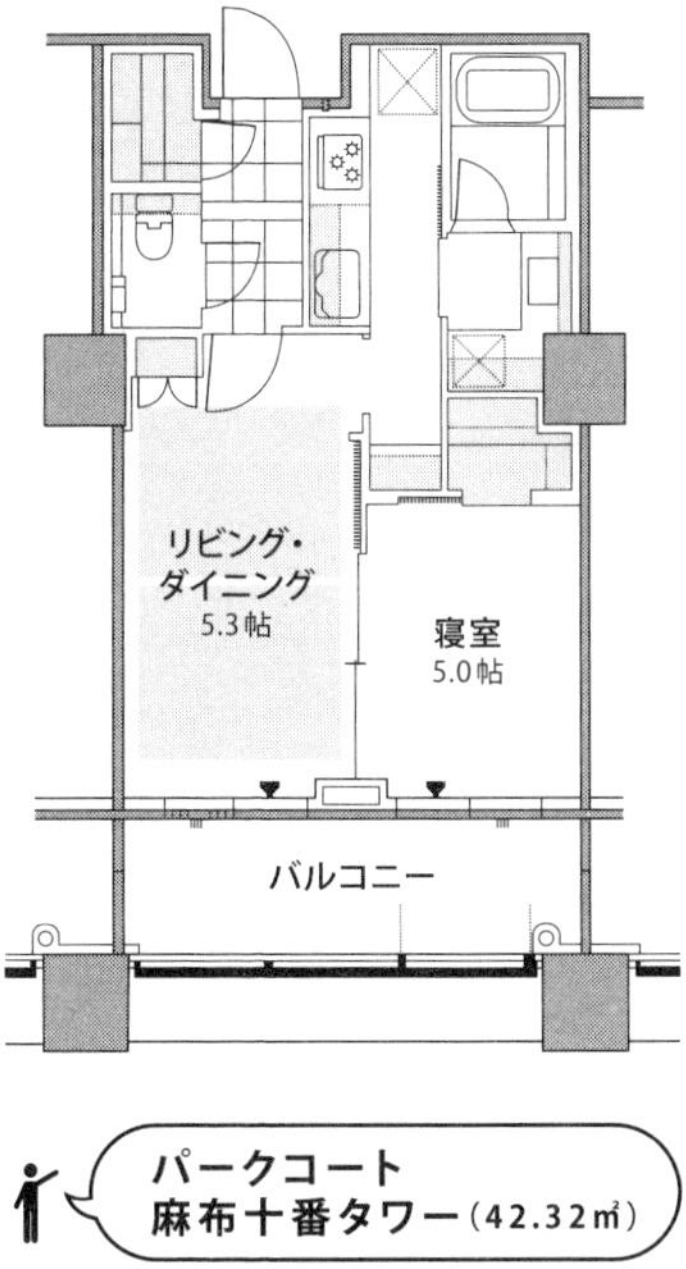

②品川イーストシティタワー　41・65㎡

リビング・ダイニングとしては狭いかもしれませんが、家具の選び方と配置によっては優雅に過ごすことのできる空間となりそうです。

①と違って、玄関から奥が丸見えにならないレイアウトもいいですね。

収納スペースも充実していますし、トイレも浴室と分離されていて良いプランです。

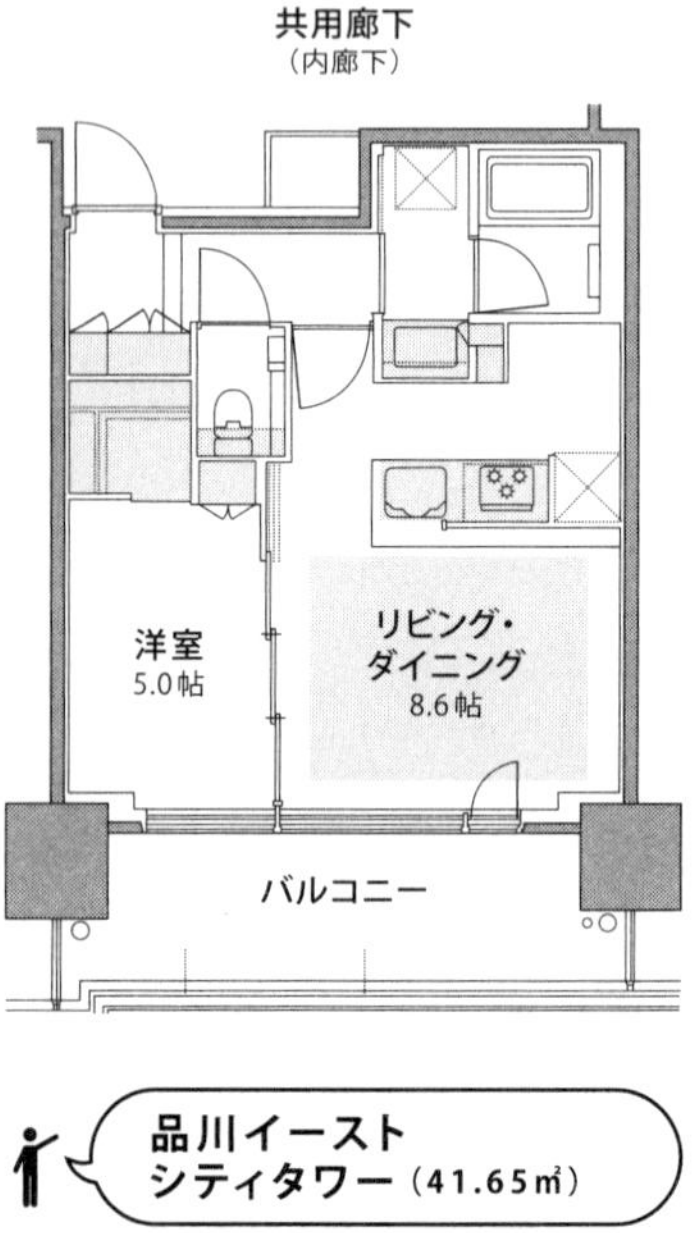

コンパクトマンション今昔

コンパクトマンションという呼び名は誰がつけたのか知りませんが、十数年くらい前から登場して来た形態です。単身者ニーズとして、従来はワンルームが固定観念のように長く存在していましたが、単身者は元々ワンルームの賃貸マンションに住んでいるので、どうせ買うなら1LDKに住み替えたいという希望を持っていたのです。

金利が低下したことで、比較的所得の低い若手の独身サラリーマンでもワンルームより広いタイプに手が届くようになっていました。加えて、晩婚化が進んだために若手の年代が20代だけでなく30代後半まで広がったのです。

さらに、男女雇用機会均等法の成立（1985年）以降、女性全体の職業意識も変わりキャリアを積み活躍する人が増えたため、所得も男性並みに高くなったのです。1LDKでは満足せず2LDKを希望する人も増えました。

このような経過をたどり、単身者がワンルームを自己居住用に買う時代は過ぎ去り、少なくとも30㎡以上のコンパクトマンションが単身者ニーズの中心に変化して来たというわけです。

コンパクトマンション2つの潮流

ところで、いわゆる単身者向けのコンパクトマンションには2つの種類があることを断っておきます。ひとつは全戸がコンパクトタイプで構成された「オールコンパクト」のマンションです。もうひとつは、ファミリータイプとの「混在型コンパクトマンション」です。

前者は敷地300㎡前後の小型マンションで、後者は主に超高層の大型マンションに多く、下層階に配置されています。

筆者のおススメは後者で、前者の購入に関するご相談には否定的な所見しか出せないことが多いのです。そのことに、いつも心の痛みを覚えます。

コンパクトマンション企画の業界事情

先に述べたように、デベロッパー各社はコンパクトマンションの需要が少数派とは言えないボリュームに拡大し、無視できないことに気付きました。

広い敷地が入手できれば、中心需要であるファミリーマンション向けの商品を企画するのが普通です。ただ、広くてマンション建設に向く用地を取得することは、実は簡単なことではありません。たまに売地情報があっても、競争は激しく入札になることも多いので買収額はいやおうなく高くなってしまいます。

一方、比較的争奪戦の対象になりにくいのが狭い土地です。都心で駅に近いなどの条件はあるものの、取得しやすいのです。広い面積のマンション用地がないから仕方ないね。狭小用地でも買って、コンパクトマンションでも造るか。そんな消極的な動機でコンパクトマンションができてしまうことは少なくありません。動機は不純でも、ニーズがあると気付いたマンション業界は、盛んに供給を増やしました。

タワーマンションの下層階にずらりとコンパクト住戸を並べたり、駅前の商業地域などの狭小敷地を取得して全住戸コンパクトタイプにしたりと、競い合うように販売しました。

オールコンパクトのマンションは、狭小敷地で企画されましたが、回転が速く、リスクの少ない商品だと、業界が考えていた節があります。大規模マンションは開発期間が長く、土地を仕入れてから販売にかけるまで2年、3年とかかりますが、小規模マンションは開発期間が短くて済むのです。許認可が比較的簡単に降りることに加えて、商業地であれば、日照権問題などで近隣住民と争いになることも少ないからです。

また、日当たりや見晴らし、環境などの条件もファミリータイプのマンションよりずっと緩やかです。単身者は、昼間はいないので、北向きでも一向に構わないわけです。寝るためだけの家という発想で商品化が進められました。

間取りも、ファミリータイプほどバリエーションを設けたり、採光を気にしたりする必要もないので設計時間も短く済んだのです。

コンパクトマンションは割高になる

コンパクトマンションは、土地代が競争で吊り上がらないにもかかわらず、価格は高くなるケースが多いのです。その理由は、次の二つです。

①コンパクトマンションは建築コストが高くつく

説明を平易にするため、70㎡のファミリータイプと35㎡のコンパクトマンションとで比較してみましょう。

70㎡タイプ1戸を35㎡2戸に切り分けたら、玄関ドアもバスもトイレも、また排水管も、また給湯器やメーター類も35㎡タイプの方が2倍必要です。グレードが違うので、単純にコストが2倍になるわけではないですが、高くつくのは確かです。

②敷地が狭いと工事がしにくいので施工費は高くつく

また、狭小敷地での施工は何かと不自由で、たとえば重機やコンクリートミキサー車も敷地内に入れず、敷地の外から（公道を塞いで）使うことになり、資材置き場も工事事務所も敷地外で借りることになります。

このように、コンパクトマンションは建築コストが高くなってしまいがちなので、販売単価は、どうしても高くなります。結局、同一エリアの平均的なファミリーマンションの坪単価が＠３００万円であるとき、コンパクトマンションは＠３５０万円とか＠４００万円などとなってしまうのです。

オールコンパクトは小型ゆえに付加価値がない

大規模マンションは、その規模が差別化に役立っています。大きいだけで存在感があるからです。反対に、オールコンパクトマンションは駅前通りなどの便利な場所に建つことが多いのですが、小型であるゆえに目立たない、いわば周囲の建物に圧倒され埋没してしまいます。存在感の有無は資産価値にも影響します。

また、エントランスやロビーといった共用部分の規模も、全体スケールに比例して小さくなるオールコンパクトマンションは、その面でも「立派・豪華」から遠いものとなります。それが資産価値に与えるマイナス点であることは言うまでもないでしょう。

オールコンパクトは管理費が高くなる

オールコンパクトで100戸もある大型というのはほとんど見られません。大きくてもせいぜい50戸程度で、大抵は30戸くらいの小型物件です。50戸と言っても、コンパクトばかりですから、ファミリーマンションの20~30戸程度と同じくらいの規模です。

規模が小さいと管理費が割高になるものです。管理費が高いと売りにくいと見る売主は、管理人を置かない管理体制（巡回管理）にして販売を行います。

管理人がいないマンションは将来どうなって行くのでしょうか？　そこに思いを馳せる買い手も少なくはないのですが、数十年後を想像できる人はいないのでしょう。管理人がいないマンションは資産価値が維持できない傾向が強いのです。

コンパクトマンションを買うなら、コンパクトマンション同士の比較をしつつ、できるだけ付加価値のある物件・規模の大きい物件を選択した方が良いと言えます。

THE APARTMENT DICTIONARY

なぜ、１階住戸は不人気で売りにくいのか？

１階住戸は売りにくいことから、マンション不況の折には、マンションメーカーも随分知恵を絞ったものでした。

和室があれば掘り炬燵を設けたり、畳１枚を電動で持ち上げて収納スペースになったりする製品を組み込んだり、オーディオルームなどとして使える地下室をつくったりしたものです。中には、核シェルターになる部屋をつくった例もありました。また、北側の玄関を勝手口にし、南の庭側に表玄関を設けたタイプもありました。単純に１階住戸だけ天井高を２６５０㎜（２階以上は２５００㎜）にした例もありました。

庭に離れの部屋を設けたユニークなプランもありました。そんな中で今もポピュラーな形態が、「専用庭付き住戸」や「専用駐車場付き住戸」です。一方、定番になりかかって、その後消滅したのが、「掘り炬燵付き和室」と「深さ１メートル余・広さ４・５畳余といった大型床下収納付き住戸」でした。

1階住戸はなぜ売りづらいのでしょうか？　次のようなデメリットがあるためと考えられます。

①寒い

1階住戸は断熱材を入れて対策しているのですが、サンドイッチ住戸（上下左右にお隣さんがある家）のような効果は出にくいのです。

②防犯面の不安がある

防犯センサーを窓に取り付けてあるので、外部侵入があれば直ちに防犯ベルが鳴り響き、管理人や警備員が駆けつけるようになっていますが、戸締りの心配が少ない上階とでは心理的負担の差は小さくないのです。

③プライバシーの確保が難しい

庭側に垣根を設けていますが、人通りのある公道に面しているような場合、いつも覗かれる心配をしなければなりません。

④日当たりが悪い

前方にアパートなどの既存の建物があるケースでは、接近度によって日照が悪くなります。

⑤眺望がない

言うまでもなく、1階で遠くを見渡すことができる住戸は傾斜地に建つ特殊なもの以外ありえません。

1階住戸を選択する人は、家の中を走り回る元気なお子さんがいる家庭です。下の階に迷惑をかけるからというのが理由です。しかし、こうした家庭もほどなく聞き分けの良い子供に成長します。迷惑をかけるのは一時のことです。

1階住戸はリセールが大変だったと後悔する可能性が高いことを肝に銘じて慎重に検討しましょう。

THE APARTMENT DICTIONARY

買い手が見落としがちな「重要な質問集」

問えば答えるが、問われなければ説明を省く。そんな営業マンのクセを特集しました。これは、買い手が質問すべき事柄として記憶したい重要なものでもあるのです。

営業マンは、しばしば「この欠点や弱点に気付かないでほしい」と願っている、もしくは「欠点・弱点と感じないでほしい」と祈っていることがあります。問われれば答えるしかないが、うかつに自分から触れればヤブヘビになるかもしれないと考えて口を閉ざしているのです。都合の悪いことは黙っている。これは、業界を問わず営業マンの習性とも言えるものです。そうであれば、トコトン質問をして物件を深く知るか、何を質問すればいいか分からない人の場合は、事前の学習で自衛するしかありません。

気づきにくい事柄や忘れがちなチェックポイント＝質問集を箇条書きします。ご検討のツールになれば幸甚です。

建設地に関する問題

●騒音

前面道路の交通量・騒音の程度は自分で体感するしかありませんが、販売時は建物が未完成のためグラウンドレベルでしか体感することができません。それなのに、営業マンは騒音の程度に関して何も語りません。

●液状化しやすいエリアにある

この告知をしてはくれません。安全度が高いエリアの場合のみパンフレットに表示する。

●水没危険エリアにある

液状化と同じ。

●駅から遠いこと

その弱点には触れて欲しくないのです。

●隣地の再建築について

将来のことは全く分からないものの、想定できる範囲を知っておきたいのが購入者心理です。しかし、目の前が駐車場など、危険とすぐに気づく場合以外、想定できる建物の規模・高さなどを主体的に説明することはありません。

構造に関する問題

●耐震性

耐震性能の最低ランク「等級1」のマンションの場合、ことさら説明はしません。

●直床構造

二重床の場合は、そのメリットをわざわざ説明することはありますが、直床《じかゆか》構造の場合は説明をしません。

●耐久性

コンクリートの劣化対策などを説明することはあっても、耐久性が高いことの意味、すなわち資産価値にどう影響して来るかなどの説明はしません。

その他の設計上の問題

●南向きマンションの北側個室のこと

真南に向く間取りの場合、玄関側に配置される個室は真北を向くことになるのが当然であり、窓も北向きになっているのが普通です。しかし、北向き個室のデメリットには触れたくないのです。

●東西向きの住戸

東向き、または西向きの間取りにはデメリットもあればメリットもあるのですが、その説明を主体的にすることはありません。

●個室の窓が斜めであること

玄関側の個室の窓は廊下に対して平行に設けられるのが普通ですが、ときどき斜めになっている間取りを見かけます。わざわざ曲げているのは採光を遮蔽する何かがあるためですが、その説明をしてくれることはありません。

●下がり天井のこと

下がり天井はほぼ全部のマンションに誕生します。しかし、それが目立たないケースと強い圧迫感をもたらすケースがあります。その位置と天井高はCH＝２０００などと表記しますが、そのことに気付かない買い手も多く、完成後の内覧会で落胆する人も少なくありません。事前の説明は一切してくれないからです。

●ルーフテラスへの出入り

ルーフテラスに面する窓の高さは床から50～60㎝もあるケースが少なくありません。つまり、バリアフリーではないのです。窓をまたがないとテラスへの出入りはできないのですが、図面に表記はしても説明はしてくれません。

●エントランス真上の住戸の騒音

マンションの2階住戸を購入する場合に注意したいことは、下階が何かです。共用玄関の場合、ドアが自動式になっていれば、その作動音が響く可能性はゼロでないと考えなければなりません。しかし、そのような告知はありません。

●ピロティ上の住戸の懸念点

ピロティとは、柱だけで通り抜けできる駐車場や通路など1階部分の空間のことです。元気な男の子を持つファミリーの場合、下階のお宅に迷惑をかけたくない一心で1階住戸、または1階が駐車場になっている建物なら2階住戸を購入する例があります。

後者の場合に気を付けなければならないことが2点あります。それは、床の断熱と駐車場の騒音対策です。駐車場は機械式2段駐車であったりします。その場合、車の出入りによる騒音が心配なはずです。また、上下を住宅でサンドイッチされていない住居は一般に冬は寒いと言われます。こうした懸念を払拭するための対策に関しての説明はしてくれないのです。

●地下住戸の問題点

低層マンションでよく見られる地下住戸。湿気対策、通風、日当たりなどに問題のあるケースも見られます。その買い手不安を汲み取って説明してくれる売主・営業マンもありますが、図面表記だけで済ます例も多いのです。

●エレベーターの数の不足

意外な盲点のひとつです。コストダウンの一環で必要十分とは言えない台数で抑えているケースでは、それに関しては何も語らないのが常です。

●住宅性能評価書の意義

住宅性能評価書のない新築マンションは10%もないほど普及して来た現状ですが、性能自体が普通のマンションの場合、その中身について深く語ることはありません。第三者機関による評価だから安心ですなどと説明するだけに留めているのが実態で、評価書を渡せば事足れりとしているのです。

事業者に関する問題

●施工会社のこと

二流・三流の、または無名のゼネコンを起用するケースは少なくありません。ゼネコンの知名度は、業界人ならよく聞く企業でも、一般の買い手から見れば低いものです。そのことが不安心理を呼ぶのですが、触れたがらない売り手がいるのも事実です。

●管理会社のこと

管理会社の能力や経験、特徴などに関しても同様です。

●売主（自社）のこと

自社のブランド力が決して高くないのに、買い手が安心感を持つまでの説明はしてくれません。説明が難しいのも事実なのですが。

販売や管理に関する問題

●売れ行き

よく売れている物件なら良いものに違いないと思いたがるのが買い手心理です。ゆえに、買い手は販売状況を知りたいのですが、売れ行きが「並み」の物件はそれを隠すのが売主心理と思った方がよいのです。聞けば、「おかげさまで順調です」くらいの答えは返って来ますが、そう語っていた物件が竣工後1年経って売れ残りを抱えている例はたくさんあります。

●値引き提示の理由

買い手から要求をしたわけでもないのに、営業マンの側から「今週中に結論を下さるなら〇〇〇万円お引きします」などと提示して来ることがあります。「決算期なので」が最もポピュラーな値引き理由ですが、本当の理由は単に販売促進のために値引くのです。計画通りに販売が進んでいない証拠ですが、「売れないから」とは言うはずもありません。

●管理費・修繕積立金が高いこと

管理費等が高いか否かは基準を知らない買い手には判断しにくいものです。規模や高さによって管理費等は割高になってしまうのですが、数字を提示するだけです。「割高なマンションではございますが……」などとは決して言いません。

THE APARTMENT DICTIONARY

マンション営業の"嘘"を深掘りする

マンション・不動産業界には独自の「公正取引協議会」という誇大広告やウソの広告を監視する機関があることをご存知でしょうか?

正式には「公益社団法人 不動産公正取引協議会」というのですが、「不動産の表示に関する公正競争規約」(不動産広告のルール)及び「不動産業における景品類の提供に関する公正競争規約」(景品提供のルール)を全国9地区において運用するために設立された不動産業界の自主規制機関です。

関東甲信越地区の「首都圏不動産公正取引協議会」は昭和38年に設立されたとあるので、長い歴史を持っています。自主規制ですから、自ら襟を正して公正な取引、適切な不動産取引をして行こうという趣旨によるわけですが、これは逆に考えると、昔はそれだけ悪質な広告や販売・営業がまかり通っていた証左なのです。

悪質な事例を同会の広報誌で何度も目にしたことがありますが、「おとり広告」はその典型です。実在しない優良な物件を広告で使用し、レスポンス客には「さっき決まってしまいました。遜色ない別の物件がありますので、そちらをご案内しましょう」というのが常套手段でした。

また、駅から徒歩10分の一戸建ては、実際は車で10分だったという、信じられないようなインチキな販売方法も昔は多数ありました。どちらも一戸建ての事例ですが、マンション販売でもこれに近い営業手法は存在したのです。

現在、このような悪質な例は消滅したと言われますが、ルール抵触ギリギリの広告・販売（営業）は今も巧妙に続けられています。

以下で、嘘ではないが真実でもない、「ウソっぽいマンション営業」をご紹介します。

●即日完売のウソ

売り出したその日のうちに、若しくは登録受付期間と称する1週間のエンドで全戸が完売に至ったとき、これを即日完売と言います。正確には登録申し込みが全戸に入ったということであって契約はまだ先なのですが、業界では「即日完売」または「即完」と称しています。

販売予定戸数をいっぺんに売り出さず、小出しに分割して販売していく「分割販売（期分け分譲とも言います)」では、初回で即日完売になった場合、次の回で残りの何割かを売り出すわけですから、即日完売という事実を宣伝に利用しない手はありません。そこで、売主は即日完売するほどの人気だったとアピールし、次期の即日完売へつなごうとします。

しかし、実際はどうかというと、登録はしたものの、キャンセルは自由にできるので気が変わったから購入手続きには行きませんという人も少なくないのです。従って、しばらく経つと空き住戸が何戸も出て来て、契約完売には至っていないのが実態です。このようなケースを「ウソ」と決めつけるのは言い過ぎですが、このような実態を知っておいて損はないでしょう。

ところで、即日で完売するなんて高額商品でありえることでしょうか? 当然ながら事前の宣伝で商品内容を明らかにし、一定の時間をかけて関心客を動員しています。その中から、実際に買ってくれそうな客が何人いるかの読み(選挙の票読みのようなもの)を働かし、一定の数に達したら、その数だけ売り出すのです。

つまり、即日完売はそうなるべくしてなるわけです。初めから即日完売になるようなスケジュールが組まれているということです。100戸を一気に売りたいなら、確実に買ってくれそうな客が100人に達するまでプレセールスを続けるということでもあるのです。このため、広告が何度も繰り返されながら、なかなか発売日(登録受付日)が明示されない物件は少なくありません。

●新発売のウソ

日本人は「新しもの好き」らしく、何でも「新」がつくと期待感を抱き、同時に古い物より良いものという先入観を持つようです。この心理を利用し、「新製品」「新型○○」「新発売」「新版」などの言葉が頻繁に登場して来ます。

マンションでも「長いこと売り出し中です」という広告よりも「新発売」の方がイメージは良いはずで、関心客も多く獲得できると考えるのです。

そこで、完売までに半年、1年を要する場合は、「新」のイメージを持続させることを狙います。そのためには、分割販売方式により、「第1期・新発売」、続いて「第2期・新発売」……「第5期・新発売」などという広告表現を繰り返します。ここにウソはありません。しかし奇妙です。

●売れ行き・在庫を隠す

マンション販売では即日完売を期ごとに達成して人気を演出したいのが売り手のホンネです。「1期1次・2次・3次 連続即日完売（計○○○戸）」と大書してあるチラシをご覧になったことがあると思います。また、「2018年度○○県内一の供給（販売）戸数○○○戸を達成」といったコピーに気付かれた人もあると思います。

これらは、「売れゆきの良さ」、言い換えれば人気マンションであることを誇示しているわけです。同時に、未発売分を早く売りたいので「人気物件だよ。早く来ないとなくなるよ」とアピールしているわけです。このようなケースは、全部で何百戸あって、既に〇〇〇戸売れたと言っているので、残りは〇〇戸とたちまち分かる広告であるわけです。

反対のケースはどうでしょうか？　調査員や同業他社の暇な人物、同じエリアで競合する物件を販売するライバル社などは、ターゲット物件を追いかけているので、「ここまでに何回に分けて何戸売り出した」というデータを記録しています。

しかし、一般の買い手にとって、よほどの執心でない限り、特定マンションが合計で何戸売り出したかを知ることは簡単ではありません。「今回販売戸数」という項目を見て最新の売り出し戸数を知るのみです。それまでの累計の売り出し戸数が何戸であるかが分からないうえに、何戸売れているかは全く分からないのです。

売れゆきは買い手にとって大きな関心事です。仕方なく、モデルルーム見学のときに営業マンに尋ねることになります。しかし、販売不振マンションの場合、営業マンは必ず曖昧な答えでお茶を濁そうとします。中には真っ赤なウソであることもあるのです。入居してから、「あのとき7割は売れていると聞いたのに、実際は3割も入居していない。騙された」と買い手が憤るケースがたまに見られます。

ともあれ、広告では売れ行きも残り戸数も分かりづらくしてあるのが実態です。

●価格未定の不透明販売

戸数以外に、「見えない・見せないようにしている」のが「価格」です。予告広告では、価格を未定とするのが常識です。買い手が最も知りたいのは価格です。そこを明らかにしない広告。知りたかったら、モデルルームに来なさいと言われているかのようです。

しかし、現地へ行っても、住戸ごとの価格表は正式決定ではないからと、見学者にコピーさえ渡さない。これも業界の慣習のようになっています。数字の入っていない表を渡され、手書きしてお持ち帰りくださいと言われます。

価格を決めないままの販売活動がしばらく続き、やがて「要望」や「登録」という名の購入希望者の申込を受け付けるというスケジュールに至りますが、その寸前まで正式の価格は公表しません。発売日ギリギリまで価格をベールに包んで明らかにしない。これもマンション業界の通弊《つうへい》になっています。

本当は決まっていても、顧客の反応を見て住戸別に微妙な調整（変更）をするためとして明示しないのです。ウソではないですが、買い手にとってはどこか割り切れなさの残る対応ではないかと思います。

●完成予想図のウソ

マンションに限らず、広告は商品が売れるように工夫するものです。ウソはいけませんが、より良いイメージを持ってもらうように制作します。マンション広告のほとんど全てで採用するのが、全体像が見える「外観パース」です。いわゆる完成予想図です。

完成予想図の案が広告代理店から5点くらい提示され、どの角度から描いたものが最も立派に見えるかなどを会議で検討して決めます。

ところが、この絵には電線・電柱が省略されています。近隣の建物が描かれていない例も多く見られます。それらを描くと、興ざめとなるからです。

また、しばしば誇張されたものであることにも注意しなければなりません。たとえば、実際以上に高く見える外観や大きく立派に見える玄関、広々と見える敷地内庭園などです。

仏語では「デフォルメ」と言い、意識して変形させ、ゆがめることの意で、絵画の世界では当たり前の技法が使われます。そこに目くじらを立てるわけにも行きませんが、度を超せば買い手を「誤認」させるものとなるだけに軽視はできません。

●天井が高い。実は普通

当たり前のことでも、言い方ひとつで「すばらしい」ことに聞こえる・見えるということがありますが、広告でもこの手法が使われています。

ときどき、「一般マンションの天井高２４００㎜。このマンションは２５００㎜」という広告を見かけます。最近のマンションは２５００㎜が普通になりつつあるのです。特に優れているわけではありません。しかし、研究しはじめの買い手なら、それを真に受けることでしょう。そして「良いマンション」だと誤認するのです。

●ダブル配筋のしっかり構造。実は普通

マンションの耐震性に強い関心を抱く買い手が増えたためでしょう。売り手は、当社のマンションは頑丈にできていると言いたいようです。そこで、壁がダブル配筋であることや柱の鉄筋を巻いている帯筋《おびきん》のつなぎ目を溶接していることなどを図で解説した広告やホームページを見かけます。パンフレットにも必ずといってよいほど掲載されています。

これらは、当たり前のことを、さも特別なことのようにアピールして「良いマンション」だと錯覚させる手法だと言ったら「うがち過ぎ」でしょうか？

●二重天井は当たり前

二重天井も当たり前のことです。ことさら広告で強調することではありません。ほかにアピールすることがない平凡な物件かと疑いたくもなる表示です。

●「二重床で遮音性に配慮」の表示。実は当たり前

二重床の誕生は、マンションの黎明期に上下階の生活音が問題になったからです。当初は絨毯敷きだったので、さほど大きな問題ではなかったのですが、ドスンドスンという音は解消できず困っていました。そこで、施工会社と建築士、住宅設備メーカーなどを含めてマンション業界では、集合住宅における騒音問題の解消に努めることとなりました。

そんな中で二重床が誕生したのですが、誕生から既に40年を経過しています。

その後、単に二重にするだけではダメと分かり、様々な改良を加えられて今日に至っています。分譲マンションで「二重床」にするのは、特別なことではないのです。

●「ホテル並み」の言葉に潜む欺瞞

共用廊下が内廊下設計のマンションの場合、その部分を「ホテル並みの内廊下方式を採用」などと表現しています。

ホテル並みと聞くと、一瞬「シティホテルの少し暗くて、おごそかな雰囲気を漂わせるフカフカ絨毯張りの廊下」を想像する人が多いと思います。チェックインした直後、ポーターが洒落た専用台車にスーツケースなどを積んで部屋まで案内してくれたときの光景を思い出したりする人もあるでしょう。

マンションの内廊下が、ホテル並みなのはごく一部に過ぎません。「ホテル並み」に誇張はありませんし、買い手が勝手に想像しているに過ぎませんが、大抵マンションの廊下幅は狭く、豪華な絨毯張りなどではないのです。

高級とは言えないモザイクのタイルカーペット、壁もただの無機質なビニールクロス張りというパターンが多いのです。同じなのは薄暗さだけかもしれません。

●「週末なので部屋がなくなる」は恫喝？

購入意欲が高まり、「前向きに検討したいが即決はできない」などと言うと、担当営業マンからは「お早目の結論を」と返って来ます。

そして補足します。「週末はご来場者も多く、本物件は先着順販売中なので先にお申込みが入るかもしれません」と。これは、ある種の恫喝です。焦燥感を煽り、結論を急がせる営業トークなのです。

しかし、営業マンに言わせると、後日申込みしたいと来られても希望住戸がなくなってしまったら、顧客を怒らせることになるからだそうです。この言い方には一理あります。ところが、販売状況によって、また在庫状況によっては、全くの杞憂に終わるようなことです。あまり人気がない物件や在庫がまだ多数あるようなケースでは、前向きに考えようとしている客のために、希望住戸をキープすることは容易なはずです。

営業マンの使命は契約を取ることです。目の前の客から直ぐにでも「買います」の一言を聞きたいのです。しかし、「早くYESの答えをしないとなくなるよ」は無礼な態度と言わざるを得ません。

買い手が、どのような販売状況にあるのか、同タイプの在庫はあと何戸あるのかについて確証を得るのは難しいことかもしれません。たとえそうであっても、疑ってみることが大事です。

●次期で値上げする予定です

分割販売については先に述べましたが、この販売手法では価格表に未発売住戸の価格を表示しませんし、既分譲住戸の契約済み住戸も「成約済み」の文言で価格を隠してしまうのが普通です。

未発売住戸は「次期以降分譲」の文言で塞いであり、聞いても価格は未定と答えます。しかし、同タイプの住戸は、階が上下のオープン価格から推定可能です。たとえば、5階が4000万円で7階が4100万円なら次期発売予定の6階は普通なら4050万円となるでしょう。それを「値上げする」と言われることがあります。

これも、ある種の恫喝です。人気を博している物件では本当に値上げする売主もあるのは事実ですが、そうでない方が多いのです。

「値上げすると言えば、早く結論を引き出せる」と考える営業マンの姑息なセールストークと思った方が間違いありません。筆者に言わせれば、そんな言葉より「買い手はなぜ結論を下せないのか、どこに問題があるのか、何が心配なのか」に思いを巡らせ、その解を見つけ、買い手を納得させるよう努力すべきなのです。その努力を怠って恫喝に走るとは、何と高慢な営業姿勢なのでしょう。

●「複層ガラスだから音は大丈夫」は真っ赤なウソ

空気層を挟んだ2枚ガラス（複層ガラス）は断熱効果が高く、結露の出にくい優れものとされます。最近の新築マンションは、複層ガラスでないものを見つける方が大変なくらい標準化が進んでいます。この複層ガラスで組んだサッシは、従来の1枚ガラスより何となく防音効果もありそうですが、実は全く変わらないのです。

無論、防音効果も断熱効果も高い複層ガラスのサッシがないわけではありません。しかし、ほとんどは断熱性を高めただけのもので、防音効果はありません。

複層ガラスはサッシが重くなって開け閉めがつらくなるので、ガラスを1枚ものより薄くしてあるのです。そのために音の透過率は2枚にしても1枚と変わらないというわけです。

サッシの防音効果が高いかどうかは、複層か単層かではないところにあるので、「複層ガラスだから音は心配ない」という説明は誤りなのです。

音が心配な場所にある物件を検討する際は、「遮音等級は？」と尋ねることが大事です。T-3かT-4の答えなら問題ありませんが、T-2やT-1では心配です。

●「他社は20㎝ですが当社は23㎝ですから優秀」はウソ

これはスラブの厚さに関する説明です。床の薄いマンションは遮音性の低いマンションでもあり、昔は15cmのマンションも普通にありました。最近のものは最低でも18cm、標準的には20cm、23cmも珍しくありません。

23cmのスラブ厚のマンションは必要以上に優れたものなのでしょうか？　営業マンの説明は、そう言いたげです。少なくとも、説明を受けた買い手は誤認します。そのようなマンションもないことはないのですが、建築費高騰の状況下ではコスト抑制の考え方が一般的なので、23㎝にしたのは別の理由がありそうです。

実は23㎝でなければならない可能性が高いのです。マンションの床の厚さは柱・梁で囲まれた四角の平面積の大きさで決まって来ます。狭い場合は薄くても問題ないですが、広ければ床はたわみが生じます。たわみをなくすには床を厚くしなければならないのです。

たわみは、太鼓の表面を想像してもらうと良いのですが、皮がぴんと張っている太鼓を叩くと音が出るとともに皮は振動しますね。この音と振動の現象がマンションにも起こります。

室内の重量、すなわち居住者の体重、家具や家電、或いはピアノのような重量物の合計重量に耐えうる床でなければならないわけですが、それだけではありません。室内で飛び跳ねたり走り回ったりすることを想定しています。振動音が階下に伝わるからです。

大きな太鼓ほど、皮は分厚いものが使われているはずです。薄ければ下手したら皮が破けてしまうことでしょうから。同様に、マンションの床も、想定重量と遮音性を計算して厚さが決まって来るのです。

柱・梁で囲まれた平面積、言い換えると床の縦横の寸法が長ければ長いほど、床の厚みも当然20㎝でなく22㎝、23㎝と厚くする必要があるのです。従って、遮音性の観点では20㎝も23㎝も差がない場合が多いということになるのです。それを23㎝だから優秀なのだと説明する営業マンは単に無知な場合もありますが、欺瞞の可能性が高いのです。

●「製販一貫体制だから安い」は嘘

工務店やゼネコンがマンション開発を行い、自ら売り主になっている例がときどき見られます。その販売現場では、ほぼ例外なく「製販一体なので安い」と説明しています。本当でしょうか？

実際は、土地を高く買ってしまえば売値は高くなりますし、複雑な構造であったり、工事のしにくい狭い道路沿いのマンションであったりすれば分譲価格は高くなるのです。

同じ条件で他社に工事を発注するよりは安くなるのは道理ですが、実態はそうでもありません。中には、社内を部署ごとの独立採算方式を採っている企業もあり、販売部門は分譲利益を、施工部門は工事利益を取っているのです。

一見正しいような言葉の裏は実際と異なるという場合が多い。それが真実です。

第7章のまとめ

＊子どもを想定した郊外の3LDKよりも今2人で住める都心の2LDK。

＊安いのは資産価値が低く人気がないから。安さを理由に買ってはいけない。

＊資産価値の高いマンションを選ぶときは街→マンション→住戸の順番。

＊自分が欲しいのは新築か中古か、徹底的に突き詰めることが大事。

＊契約のトラブルは失敗事例を知り、予防策を講じよう。

＊情報過多で溺れないように、そもそもなぜ買うのか何が欲しいのかを整理する。

＊オプションで装飾されたモデルルームに一目ぼれしてはいけない。

＊ほとんどのコンパクトマンションは割高である。

＊不動産営業に聞くべきことは聞き、嘘には流されない。

THE APARTMENT DICTIONARY

問題点が分かっていても価値ある選択を

本書で主張して来たのは、資産価値（リセール価格）という観点の重要性です。

マンションは売らない限り、損も得もありません。しかし、現実問題として資産価値が重要なのは、永住するつもりでも、いつなんどき売却の必要が出て来るか分からないからです。

そのとき、できるだけ有利に売りたいと考えるのは自然・普通のことです。損失を少なくしたいと考えます。そのために大事なことは何でしょうか？　筆者は、次のように主張して来ました。

①マンションの価値を左右するのは「立地条件」が一番だ

②立地条件が同じようなもの同士の比較では「建物価値」が次に見るべきポイントである

③マンション選びは「街を選ぶ」、次に「マンション全体」、最後に「住戸」という優先順にすべきである

④安さを追うと失敗する

⑤今は新築限定で探すと物がないので、中古も視野に入れるべきだ

⑥その他の留意点：多数

資産性という観点以外に大事なこともあります。マンション購入には、住まう家族を幸せにする側面があるのです。

たとえば、「スープの冷めない距離にあるから」、「親が今は元気だけれど、もうかなりの高齢なので側にいてあげたい」――このような動機から選択する人があります。

これらは、他のどんな条件より優先すると言ってよいかもしれません。

一般に、選択条件には左記のようなものがありますが、こうした動機で選択した物件は、経済合理性に反する場合もあることでしょう。

◆子供を転校させせなくて良いから
◆通学距離が長くて可哀相だから
◆住み慣れた好きな場所だから
◆友達と離れたくないから
◆小規模マンションが好きだから
◆人気の駅だから
◆ステイタスを感じる場所だから
◆住んでみたい憧れの場所だから
◆売主や施工会社が信頼できるから
◆維持管理が期待できるから
◆自然環境が素晴らしいから
◆部屋が広いから
◆購入予算が少なくて済むから
◆管理費等が安いから
◆どうせ長く住むつもりがないから

これらの選択条件がひとつだけでないことは確かです。複数の条件が絡み合って選択されるはずです。しかし、その優先順位には「ちょっと待って」と言いたくなるケースが見られます。ただ、他人の筆者がそう思っても、買い手にとっては優先する条件なのでしょう。「その選択が間違い」とは誰も言いきれないのかもしれません。

マンションに理想のものは存在しません。どこかを妥協して選択することになるものです。問題は、どの部分を条件から外していいかにあります。その視点から見れば、疑問に感じる選択をしてしまう人が少なくありません。

「それでも構わない、この土地・街が好きだからここに住みたい」という人もあるでしょうし、管理費と修繕費の高さも、その人の金銭感覚や価値観によっては高くないという場合もあるのです。品質はさほど悪くないが値段は驚異的な安さのユニクロ製品を買わず、1着何十万円もするブランド服しか目に入らない人も少なくありません。カローラよりBMWを選択する人もたくさんいます。

これらと同じで、好きな物は高くても高いとは思わないのが「価値観」ではないでしょうか？　人間は経済合理性だけでは行動を決めないものです。結局、何を基準にして選ぶかは人それぞれなのです。

満点のマンションは存在しないので、部分的に妥協するというスタンスは必須となるものです。ただ、他人が何と言おうと嫌なものは嫌という「好き嫌い」は、妥協できない問題でもあります。

ある人は、建物の外観が「何となく昔の公団住宅みたい」と言って、平均1億円もする高級マンションを買いませんでした。設備・仕様もハイグレードの大型マンション、環境も良く利便性も高い立地条件で、文句なしの物件と言えなくもないのですが、外観デザインにセンスがないという判断だったのです。

要するに、その人にとって「恰好の良い」マンションであることは重要な問題で、機能や利便性、品質レベルは高くても、色・テイストが好きでないから「欲しい」という気になれなかったということなのです。

販売員は、設備や仕上げ材の高級感を、また場所の希少性を懸命に訴えたかもしれません。しかし、現住居が築10年未満の分譲マンションであったことや、モデルルームを何件も見ていたということから推測すると、おそらく目の肥えた人なのでしょう。また、住まいはステイタスシンボルという考えが前提にあったのかもしれません。販売員の説得に耳を貸さなかったのです。

生い立ちや交友関係、育った環境などが影響している可能性もあり、他人には分からない世界です。適当な言葉が浮かんで来ないのですが、「蓼《たで》食う虫も好き好き」という格言があるように、他人では量れないのが好き嫌いの問題です。

駅近にあり将来のリセールバリューが高い物件になりそうと分かっていても、商店街の一角に立つようなマンションは嫌いだという人がいます。小規模で管理費が高い、駅からも近いとは言えない、けれども区画の大きい一戸建てが並ぶ住宅地の一角に建っているから好きという人もいます。３００戸を超えるメガマンションやタワーは絶対いやだ、買うなら30戸以下のこぢんまりした低層マンションが好きという人もいます。

また、三菱や三井の物件しか検討しないという、熱烈なファンも少なくありません。

個人の価値観の差がある。好き嫌いの問題もある。だから、「あなたが好きなものを選べばいい」と言ったら、身も蓋もありません。少なくとも、筆者のブログに興味を持ってくださる読者は「資産性」の観点を軽視していないはずです。「評価レポート」や「将来価格の予測レポート」をオーダー下さった方は、資産価値に強い関心がある方ばかりです。本書を最後までお読み下さった方も同様です。

筆者は常日頃、「資産価値の観点からコメントしました」とお断りしてレポートのまとめとしています。そして、「マンションには経済的価値と使用（利用）価値の二つの側面があると考えられます。後者は、個人の価値観や家族の事情などによって幅があるもの、その大きさは他人には測り知れないものがあります。仮に経済的な損失を被ったとしても、使用価値が高いことで大きな精神的利益を得て余りあると考えられるなら、その選択は間違いではありません」と結びます。

このバランスを取ることが難しいのかもしれませんが、あるご依頼者は感想文にこう記されていました。「売却するときのことも大事だけれど、その手前の暮らしの方が大事と気付きました」と。

資産価値を念頭に置きながら探す。その難しさ。しかし、迷っても「ここに住みたい」という気分が決め手になるのではないかとも思います。

ともあれ、悩むのは「予算」との関係にあります。予算を無視してマンション探しをする人はありませんから、「理想と現実のはざま」に苦悩するのです。

筆者はレポートの結論として再考を促すこともあります。ときに、第三の選択肢を提示することもあります。「立地条件は妥協しない」ことを前提として、次のように提案しています。

①中古物件も探してはどうか

②3LDKにこだわらず、2LDKを検討しては？

③中古を検討している人には、「築浅」にこだわらずに探しては？

その選択の仕方は問題だなあ、そのマンションだけは止めた方がいいなどと感じるケースは、ご相談・評価依頼の中に多数あります。それらに対し、筆者は率直に所見を述べて来ましたが、回答（マンション評価レポート）を送ったあとで、いつもこれで良かったのだろうかと自問自答しています。

人それぞれの考え方を、何も知らない他人が左右しようなんて、何と傲岸な所作であろうか。そんな疑問も感じます。しかし、その所見が役に立つこともあるだろう。そう信じて頑固にこれまでの姿勢を続けようと何度も思い直して来ました。

この本で述べて来たのは「価値あるマンションの選び方」についてです。最後に、「マンション選び20の原則・20の自戒」として、本文で十分語れなかったことも含めて整理しました。資産価値を重視したい人は、以下の原則をしっかり記憶に留めて置かれることを願います。20の自戒と併記したのは、「このような買いものは危険」という筆者の気持ちを込めているからです。

マンション選び20の原則・20の自戒

①駅から遠い物件（10分以上）は避ける（5分以内が理想）
②バス便のマンションは値下がりする（例外はほとんどない）
③東京都心に一直線でアクセスできる鉄道の駅がいい
④1階、2階の部屋は避けたほうがいい（例外もある）
⑤小規模マンションは避けたほうがいい（例外もある）
⑥大手は安心だが絶対ではない（中小デベにも良いものはあるが……）
⑦安物マンションは銭失いになる（例外はない）
⑧バルコニー方向に切迫して建物があるものは極めて売りにくい
⑨向きは気にしない（南向き信仰は根強いが、気にしない人も多い）
⑩設備の良し悪しを優先項目にしない（優先項目の一番は立地である）
⑪間取りはスパン（柱の間隔）に注意する（狭いスパンは問題箇所が必ずある）
⑫マンションは住戸を買うのでなくマンション全体を買うものと心得る
⑬マンションは格好いいもの（デザイン性の高いもの）が良いと心得る

⑭大きいマンションは良いマンションである場合が多い（例外もある）
⑮売却時、見学者は感動してくれるかと他人目線で考えてみる
⑯マンション選びの優先順は⑴街、⑵建物全体、⑶住戸と心得る
⑰供給過多は気にしない（いっときのことだから）
⑱中古も検討する（新築の供給が減ってしまったから）
⑲中古は築年数に気をつける（例外もあるが、35年以内が安全）
⑳住宅ローンは今の金利なら10年経過で25％は残債が減る

ご購読ありがとうございました。ご相談、ご質問はホームページ「三井健太のマンション相談室」または「住まいスタジアム」の問い合わせフォームからお寄せください。

三井健太

三井健太

大手マンション分譲会社で開発から設計・企画・営業まで「マンションビジネス」の全ての実務を経験。退職後、マンション研究家、住宅・不動産アドバイザーとなる。研究対象は業界と住宅の歴史、行政・法律、市場分析、企画設計、広告、販売まで広範囲に及ぶ。30年余の業界経験を活かして著作、評論活動のほか、「三井健太のマンション相談室」を主宰、「住まいスタジアム」相談員も務める。これまで約3000人から相談を受け、5000戸・20万ページ以上の評価レポートを書いている。連載するブログは5日おきの定期更新を欠かさず、最長のものは2018年12月時点で658号を数える。

三井健太のマンション相談室　http://www.syuppanservice.com/
新・マンション購入を考える　https://mituikenta.com/
スムログ　https://www.e-mansion.co.jp/blog/

マンション大全《たいぜん》

伝説《でんせつ》の目利《めき》きが教《おし》える「買《か》っていい物件《ぶっけん》」の見極《みきわ》め方《かた》

2019年1月30日　第1刷発行

著　者　三井健太
発行者　須田　剛
発行所　朝日新聞出版
〒104-8011
東京都中央区築地5-3-2
電話　03-5541-8814（編集）
　　　03-5540-7793（販売）
印刷所　大日本印刷株式会社

Published in Japan by Asahi Shimbun Publications Inc.
ISBN978-4-02-331752-9
定価はカバーに表示してあります。

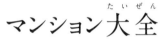